框架效應

打破自己的認知偏限，看見問題的本質，告別慣性偏誤的心理學智慧

프레임：나를 바꾸는 심리학의 지혜

首爾大學心理系教授
崔仁哲——著

悲觀者在機會中看見困難；

樂觀者在困難中看見機會。

——溫斯頓．邱吉爾

作者的話

從心理學學習人生智慧

即使年過四十，我仍不知道自己會是什麼樣子。年輕時的我以為自己到了四十歲，會過著比年輕時更好的生活；期待自己一邁入四十歲，就會像被施了魔法一樣徹底看透人生，會對他人寬容，也會成為一個很有智慧的人。但到了四十歲之後，卻依然像當時一樣，喜歡一些膚淺的笑話、喜歡玩樂，被他人忽視時依然會火冒三丈。

夾在覺得「年紀到了就要更有智慧」的理想，以及事情發展不如預期的現實當中，我給自己的處方就是，用能讓自己認為「自己比以前更有智慧」的方式，來定義所謂的智慧。

智慧就是承認自己的極限。

這就是我對智慧的定義。我相信所謂的智慧，是清楚掌握自己知道的與不知道的、做得到的與做不到的。依照這個定義來看，我確實比年輕時更有智慧。因為，現在跟當時相比，我確實更清楚知道自己的極限在哪。但對於所謂極限的領悟，與其說是隨著年齡與歲月增長而頓悟，更應該說是來自過去對心理學的研究成果。

心理學赤裸裸地讓我們看見，自己的內心充斥多少錯覺、錯誤、傲慢、偏見、失誤與誤解，同時也證明這些缺點是源自於名叫框架的心靈限制。如同建築物的某處開了一扇窗，建築物內的人就只能透過那扇窗看世界，我們也始終是透過框架這個心靈之窗看待世界。我們雖然認為自己很客觀，但其實我們所經歷的一切，都是被框架上色、扭曲過的世界。

我認為，當一個人了解到框架會限制我們的認知，就會變得較為謙遜，而這正是智慧的起點。

當我們意識到智慧的極限，這就代表，我們將積極接觸在那極限之外的新世界。即使建築物的某處開了一扇窗，也不代表我們就能看見世界的全貌。正因為深知這一點，建築師才會苦心思量，希望能將窗戶開在視野最好的地方。同樣地，我們為了享有人生最美、最幸福的風景，要努力得到一扇視野最好的窗戶。你透過怎樣的框架接觸這個世界，對人生獲得的成果會造成決定性的差異。

用最好的框架重新裝備自我人生的勇氣，我認為這就是智慧的最終目標❶。

本書並沒有收錄所有和智慧有關的內容，也不是只有如何成為智者的具體實踐方法。我不會對讀者說「要過這樣的生活」、「要過那樣的生活」，我認為這是超出我本分的事情。書店裡可以找到一大堆幫助大家下定決心的偉大書籍，但這本書只集中探討一件事，那就是人類認知的極限。因為我相信，無論下了幾次決心，要是效果依然無法持續太多天，正是因為不懂框架的原理所致。

我十分努力地盡量將更多研究內容寫入本書，雖然有人說，提供太多資訊可能會讓讀者太有壓力，但因為有太多不應由我一人獨享的知識，所以我才這麼貪心。

社會學家班傑明·巴伯曾說：

我不用強者與弱者、成功與失敗區分世上的人。我只將世上的人分爲學習與不學習的人。

我相信，會拿起這本書的讀者，都是願意學習的人。書末也附上參考文獻，讓有興趣的讀者可以自行鑽研。

撰寫這本書的過程十分開心，能夠領悟到有一定要傳達給別人的訊息，就能為我帶來很大的快樂。最後我想向我親愛的妻子、孩子與父母致上最深的謝意，感謝你們為我的人生帶來無可比擬的喜悅。

目次

Chapter 02 — 改變我的框架 065

Chapter 05

是人，還是情況？觀察人類行為的新框架 139

Chapter 06

「我就是狀況」的框架 169

Chapter

01

關於框架的框架

框架是「觀看世界的心靈之窗」。

我們看待某些問題的觀點、面對這個世界的心態、面對世界的隱喻、對人的刻板印象等，都屬於這個範疇。

框架是映照內心真實想法的心靈之窗，

是讓我們從特定方向觀看世界的引導者，

但同時也是限制我們接觸世界的監督者。

觀看世界的心靈之窗，框架

關於框架，最常見的定義是窗戶或相框的外框，或者是眼鏡，每一樣都跟「觀看」有關。框架沒有清楚的界限，是我們從這個廣大世界中，將特定場景、特定對象獨立挑選出來的能力。

想像一下，有個人面對眼前開闊的風景，不知道該拍哪裡才好，於是用雙手的大拇指與食指做出一個方框，做出四處比畫的樣子。即使看到相同的景色，每個人拍出來的照片都不一樣，就是因為他們所使用的框架不同。物理學上，也會使用參考座標（或說參考架構）這樣的用語，這其實就代表了觀看這個世界所使用的特定觀點，意思是表示特定物體的位置與運動的座標（X軸與Y軸）。

簡單來說，框架就是「觀看世界的心靈之窗」。我們面對問題的觀點、面對世界的心態（mindset）、面對世界的隱喻、對人的刻板印象，都囊括在框架的範疇之內。框架扮演著讓我們從特定方向觀看世界的引導者，但同時也是限制我們接觸這個世界的監督者。

粉紅波西

西方童話中，有一部作品叫做《粉紅波西》。

波西熱愛粉紅色，他所使用、所擁有的物品，全部都是粉紅色。甚至每天吃的食物，也全是粉紅色的。但身為粉紅大王的他並不滿足，因為城外還有許多其他顏色的事物。煩惱到最後，波西便制定了一條要百姓把所有物品換成粉紅色的法律。雖然有些人對國王的一廂情願產生反彈，但無可奈何的百姓只能將衣服、器皿、家具全部換成粉紅色。

可是，粉紅大王依舊不滿意，因為這世界上，還有很多東西不是粉紅色。這次他下了命令，要把全國的花草樹木，甚至是動物，全部染成粉紅色。他動員大批軍隊到山上和原野，將所有事物染成粉紅，打造一片稀有的風景。甚至連剛出生的動物，也要立刻漆成粉紅色。

終於，世上的一切都變成粉紅色了。但唯有一個地方，唯有那個地方無法變成粉紅色，那就是天空。無論大王擁有多麼至高無上的權力，都不可能將天空變成粉紅色。經過幾天的思考，粉紅大王仍想不出任何好方法，只好命令自己的老師尋求解決之道。老師日思夜想，終於想出了一個讓天空變成粉紅色的妙計。

老師來到粉紅大王面前，對他說：「天空已經變成粉紅色了，請戴上我準備好的眼鏡看天空吧。」粉紅大王半信半疑，聽從老師的話，戴上眼鏡後抬起頭。這真是太神奇了，白雲和天空全都變成粉紅色了呢！

是老師施了魔法，把天空變成粉紅色了嗎？不。老師做的事情，就只是用粉紅色鏡片做了一副眼鏡而已。雖然不可能把天空變成粉紅色，卻可以讓天空看起來是粉紅色。粉紅大王龍心大悅，從那天之後，便一直戴著那副粉紅色的眼鏡，過著幸福快樂的日子。百姓不必再穿粉紅色的衣服，動物也不需要再被染成粉紅色。在戴

著粉紅色眼鏡的大王眼裡，這個世界隨時都是粉紅色的。❶

我們也和粉紅大王波西一樣，都透過各自的眼鏡，觀看這個世界。

框架的角色

看看下圖中間的圓，左圖和右圖哪一邊的圓更大呢？其實，兩個圓的大小是一樣的，但是右邊看起來比左邊大很多。雖然是同樣的東西，但是只要放在不同的框框裡，看起來就會有所不同，這就是最簡單的例子。這個框框在心理學中，就稱為框架。

關於框架的哲學定義如下❷：

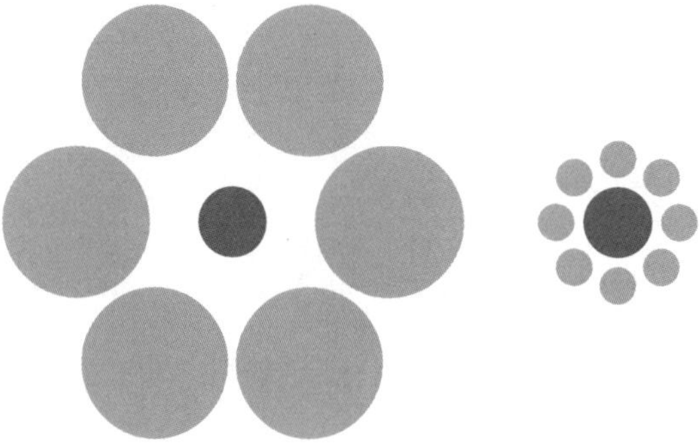

人的知覺與想法，總是遵循特定的脈絡、特定的觀點，或是特定的評價標準與假設。這些脈絡、觀點、評價標準、假設，就稱做框架。

「知覺與想法」代表的是人類所有的精神活動。因此，就上述定義來看，我們的精神活動並非在真空狀態下進行，而是在特定脈絡或假設下產生。我們並不是看到事物原始的面貌，而是已經先有了特定的觀點、標準、假設，然後才去觀看某些事物；換言之，我們是戴著眼鏡看這個世界。有些人會主張自己不受任何框架制約，很客觀地看待這個世界，但這種說法的真實性並不高。

那麼，框架所扮演的角色是什麼？我們再從哲學的定義來一窺究竟。

框架會選擇性地制約我們感知與思考的過程，最後決定感知與思考的結果。

框架會將我們「看見」什麼、下什麼樣的「判斷」、做出怎樣的「行為」等，引導至特定的方向，最後導出一定的結果。所有的思考過程，都被框架「選擇性」

制約，所以我們本身所具備的框架，可能會導致我們的世界裡，存在從一開始就沒看見的對象、從來不曾考慮過的選項等。

舉例而言，對那些認為某些事情非做不可的人來說，他們從一開始就不會去思考這件事情不能做的原因是什麼；而從一開始就認為某些事情不能做的人，則打從一開始就看不出來為什麼這件事情非做不可。

為了更容易理解框架的哲學定義，讓我們更具體地來看一下框架在日常生活中如何運作。

框架是一種脈絡

這是幾年前筆者在首爾大學校園裡遇到的例子。某輛車停在非停車區域，歪歪斜斜地半停在人行道上，同行的朋友開始責罵說「誰停車停成這樣啊」、「真的很沒公德心」。任誰來看，都會認為這是很沒公德心的停車方式。但筆者碰巧知道車主為什麼被迫這麼停車，而且也知道對方並不是沒有公德心的人，所以就跟朋友詳細說明其中的原委。

那天，學校的停車場已經停滿，鄰近道路也沒有可停車的地方。剩餘的停車空間只有兩台車之間的狹窄空間，無法讓一台車直直停好。急著要去上課的車主，只好把自己的車以四十五度斜角停進那個空間，然後立刻前往教室。這是當下能夠做出的最佳判斷。

問題是，隨著下班時間越來越近，兩側的車漸漸開離校園，只剩下那輛車還停在原地，就成了任誰看來都會覺得是「沒公德心的停車方式」了。在「兩輛車之間的狹小空間」這個前提下，這種方式是「突發奇想的停車方式」；但在「兩輛車之間的狹小空間」這個前提消失後，就成了「沒公德心的停車方式」。行經的路人看到那輛車時，如果「兩輛車之間的狹小空間」這個條件還存在，那就會認為是「校園停車困難」。但這個前提消失之後，就不再是校園停車困難，而讓車主成了沒公德心的人（我想讀者應該發現了，那輛車的車主就是我）。

框架最常見的形態，就是所謂的脈絡。有時，新聞報導會把一個人所說的話前後文都剪掉，只拿重點出來報導，或是以刻意扭曲事實的「惡魔剪接」引發討論話題，這些例子都讓我們知道脈絡這個框架具有多強大的力量。

「為了多數人的利益，有時要犧牲少數人的權益。」

你贊成還是反對這個主張？回答起來並不容易吧。原因在於，這個問題並沒有任何前提，但如果提供了具體的假設，回答起來就容易多了。讓我們從知名的有軌電車難題來看這個問題吧❸。

一列正在運作的電車故障了，無法從內部控制方向。控制電車方向的唯一方法，就是把軌道旁邊的控制桿扳起來。扳起這個控制桿後，電車就會改變行進方向，往右線道開去，但如果放著不管，則會繼續往左邊前進。左線道目前有五個人在施工，但他們不知道電車要來了，所以如果放著不管，這五個人全部都會死。如果把電車行進方向切到右邊，則只有在右邊施工的那一個人會死，在左邊施工的五個人則會活下來。如果是你，會怎麼選擇？

根據研究，在這個前提之下參與研究的人，大多數都選擇變更電車方向。雖然不能說哪一邊絕對正確，但他們會做出這樣的選擇，是因為他們將「為多數而犧牲少數是合理的」這個決定給正當化了。

現在，改變一下前提。

同樣是有軌電車故障，有五個人會死在軌道上；不過這次，你正站在橋上，電車將從你底下經過，在你面前有個健康的男人。如果你推了那個男人，他會掉到軌道上，電車撞到那個男人之後就會停下來，如此一來，軌道上的五個工人就能夠存活。如果是這樣的情況，你會怎麼選擇？是會靜靜看著那五個工人死掉，還是會推你面前的男人，以拯救那五個工人？根據研究，在這個情況下，只有少數人會選擇犧牲橋上的男人。因為他們認為，無論再怎麼為多數著想，都不能將犧牲少數一事正當化。

為什麼在第一個情況，為了多數犧牲少數是比較好的選擇，可是換作第二個情況，卻會做出無論如何也不能犧牲少數的選擇？是因為我們善變嗎？不，是因為框架，也就是前提不同的緣故。在沒有前提的情況下，我們不容易做任何判斷，所以不相互分享思考邏輯的人，幾乎不可能得出共識。

我們雖然認為可以為多數犧牲少數，但同時也認為，在特定情況下不能犧牲少數。框架的改變，也就是前提的改變，會使我們產生許多不同的思考面向。因此，我們並不能隨便用「變節」來形容當選後改變想法的政治人物，因為他在當候選人時所了解到的條件，與成為實際做事的人之後所了解的條件有所不同。升遷前後像變了一個人一樣、結婚前後像變了一個人一樣，都是同樣的道理。因為，我們在進入特定環境之前並未接觸到某些條件，可是一旦身處那個環境之中，就會接觸到原本所不了解的事實。

所謂的換位思考，不過是了解對方身處的情況而已。

二〇一二年南韓選舉期間，兩位首爾大學法律系學生展開了一場「朋友」爭論。他們各自參與了不同候選人的陣營，其中一人打電話給另一人，要求對方候選人主動辭退選舉，成了這次爭論的導火線。接到電話的學生將這樣的行為界定為政治操作，便對媒體揭露此事，事情演變成嚴重的醜聞。起初只是在爭辯是否有這樣的發言，但承認撥打這通電話的學生提出了新主張：「這只是朋友之間私下聊聊天，怎麼可以當成政治操作？」於是便展開了一場爭辯。他耗費苦心證明兩人是莫逆之交，但對方卻否認說：「我們是讀同一個系的同學，但並不是『朋友』。」

為什麼一個人主張兩人是朋友，另一個人卻主張不是呢？這正是框架所造成的。有了「是朋友之間的私人對話」這個前提，人們就會認為，即使彼此的政治立場不同，朋友之間還是可以打開心房談論政治。從「朋友的框架」來看，這樣的發言並不是政治操作或威脅，只是普通的玩笑而已。因此，發言的當事人才沒有否認自己的言論，而是利用「朋友關係」這個前提，嘗試改變眾人的觀點。對方也發現了這個意圖，為求在這場框架之爭中獲勝，便強力主張兩人並非朋友。

框架是一種定義

正在抗癌的李海仁修女曾在一份報紙的連載中，闡述自己幸福的秘訣，以下是其中一篇故事。修女在抗癌過程中承受莫大的痛苦，似乎也曾喪失鬥志，度過軟弱無力的日子。但是有天，她突然想起「我虛度的今天，是他人迫切渴望的明天」這句話，從此以候，那些原本看來十分理所當然的日常小事，在修女眼裡看起來都像奇蹟一般，她也重新找回了自己生命中的感恩與幸福。

今天＝他人迫切渴望的明天

對過去那些罹患不治之症而離世的人、只能在記憶中緬懷這些故人的家庭來說，這是他們多麼期盼的明天。將「今天」這個平凡的日子，重新定義為「對某人來說迫切渴望的明天」，正是框架的另外一種形態。這跟「每個出口，都是通往某處的入口」是一樣的意思，隨著定義改變，同樣的一扇門可以是出口，也可以是入口。框架正是我們對特定對象的定義。因此改變框架這件事，就代表改變對特定對象的定義。

曾經有人進行一個評價巧克力味道的實驗❹。研究團隊一次給受試者一顆巧克力，並告訴他們「這是這次要吃的巧克力」，待受試者吃完巧克力後，再請他們評價巧克力的味道。

受試者不知道自己究竟吃了幾顆巧克力，不過，等到吃完第四顆，也評價完以後，研究團隊再度發放巧克力，對其中一半的人說「這是這次要吃的巧克力」，對另外一半的人則說「這是最後一顆巧克力」。兩邊的人都吃了一樣的巧克力，可是其中一方知道這是最後一顆，另外一方則相信之後還會有巧克力，這樣會發生什麼事？

評價第五顆巧克力時，相較於聽到「這是這次要吃的巧克力」的人，聽到「這是最後一顆巧克力」的人會做出更正面的評價，不僅如此，更將這顆巧克力選為五顆當中最美味的一顆。聽到「這是最後一顆巧克力」的人當中，有64%的人認為第五顆巧克力是最美味的，但聽到「這是這次要吃的巧克力」的人，卻只有22%的人做出相同的選擇，感覺就像隨便從五顆中選擇一顆似的。這個實驗告訴我們，即便是相同的巧克力，要是被定義為「最後一顆巧克力」的話，就會大大影響我們對巧克力的主觀評價。

當我們假設某些事情是「最後一個」，就會產生「這個最好」的期待。歌手趙容弼在人氣鼎盛的時期，經常在許多群星演唱會上壓軸登場，公司社長也經常是最後一個發言。由於我們對「最後」的期待與眾不同，所以將某件事情定義為最後的話，那個框架就會大大改變我們的期待與評價。

老人的幸福指數絕不會低於年輕人的幸福指數，原因也和這一點有關。老人抱持著「時間所剩無幾」的想法度過每一天，年輕人卻不太會有這樣的想法。假如在「時間所剩無幾」的前提下生活，每一刻都會變得舉足輕重，要是為了未來犧牲現在，會讓人感到有些愚蠢。「此地、當下」是我們必須刻意要求年輕人記住的準則，對老人來說，卻是十分自然的想法。老人不想刻意去配合那些會讓自己不開心的人，從一開始就不需要被討厭的勇氣，因為他們已經有了「活到這把年紀，我何必這樣委屈」的原則，因此會以自己的快樂為優先做出選擇。相反地，不太會認為自己時間所剩無幾的年輕人，則會為了未來而忍受痛苦的現在，忍受那些讓自己痛苦的人。老人的幸福指數不會低於年輕人，原因正是在於對時間的看法大大影響了他們的幸福感。

某位攝影師將自己的書房定義為「自發性與外界隔離」的空間。如果只將書房單純定義為書房，就會毫不猶豫地接起他人打來的電話；如果定義為「自發性與外界隔離」的地方，就會在書房裡把電話關機。有些人將自己要處理的業務定義為「工作」，有些人定義為「職業」，有些人定義為「使命感」，這些定義造就了極大的差異。定義為使命感的人，所做出的成果、所得到的幸福感，都比定義為工作或職業的人來得更多、更大。

決定要減肥時，我曾經將自己定義為「餐桌主義者」（table-ist）。這其實是英文字典裡沒有的單字，意思是「只在餐桌上吃東西」的人。我認為，將自己定義為不在沙發上吃、不在研究室吃，只會在餐桌上吃東西的人，會有助於減肥，所以才創造出這樣的單字。

字典收錄我們對萬物的定義，不過，在字典已經逐漸成為「死典」的現在，我們需要屬於自己的新字典。根據自己的觀點與需求，來定義事物與世界，這正是改變框架的方法。

框架是一個單字

由於我們通常是用單字來定義特定對象，所以「框架是一個單字」這句話，顯然就是「框架是單字」的意思。在指稱某個對象時使用怎樣的單字，並不只是語彙選擇的問題而已，更決定了我們對該對象所具備的框架。

曾任美國保守派智庫一員的法蘭克．藍茲，曾以「保守派不該使用的十四個單字」為題，寫過一篇文章。藍茲主張，特定的單字會自動讓人們產生進步派框架❺。這十四個單字大部分與美國的政治弊案有關，在我們身上並不一定會起作用，但為了更深刻體會框架與單字的關係，就讓我們來看看其中一個單字。

藍茲建議，保守派陣營不要使用 undocumented workers 這個字，這個字的意思指的是「未登記的移民勞工」，主要用來指稱從南美洲偷渡進美國的勞工。依照藍茲的說法，其中含有「勞工」這個字眼，所以會自然地引發人們「這些人應該受到保護」這種進步派的觀點。

「未登記的移民勞工」這個字，並不會讓人聯想到他們非法滯留，反而會讓人產生一種想法：因為沒有經過合法程序，所以他們的勞動權必須受到保護。保守陣營最重要的主張之一就是美國國境安全，但使用「未登記的移民勞工」這個字眼，很難有效宣傳國境安全問題。所以藍茲提議，應該用「非法滯留者」（illegal alien）代替「未登記的移民勞工」。「滯留者」（alien）同時也有外星人的意思，但在牽扯到國籍時，卻是完全不同的意思。取得簽證後，合法在其他國家工作的人稱為「合法滯留者」（legal alien），但如果沒有簽證仍滯留境內，就屬於「非法滯留者」。使用非法滯留者這個單字，會讓人聯想到偷偷穿越國境，或是躲在船艙最底層、從佛羅里達海灘登陸的人。藍茲主張，這會使人自然產生要好好保護國家的保守想法，相當具有說服力。

框架之爭是「單字之爭」。

- 您認爲我們必須要「允許」反民主的演說嗎？
- 您認爲我們必須要「禁止」反民主的演說嗎？

以上兩句話，看起來是在問同一件事。使用哪個問句時，會有比較多人認為我們必須允許反民主主義演說呢？

研究結果顯示是第二個問句❻。「禁止」是個非常強烈的單字，因此如果問民眾是否應該要禁止反民主的演說時，民眾非常可能會說：「再怎麼樣，禁止好像有點……」於是投下反對意見。雖然兩者看起來像同樣的問題，卻由於使用了不同的兩個單字，所以會引發不同的思考框架。因此，要讓人產生支持言論自由的想法，第二個問句會比第一個問句更有利。

曾有個國中女生，在網路上提出了一個有趣的問題。這位女學生對武器工程非常有興趣，所以到大學網站上尋找該科系的資訊，但找到的不是武器工程科系，反而是無機材料工程系，她請網友們告訴她這兩個系的差別，那個問題後來發展得十分精彩。

「我知道這兩個科系都是在製造武器的科系……」*

到這個地方還沒笑的讀者，我想應該是人文學科出身的讀者了。這位女學生似乎認為武器工程系是直接製作武器，而無機材料工程系則是製作武器所使用的材料，但這裡所說的武器並非是兵器，而是相對於有機（organic）的無機（inorganic），像是「化工陶瓷」這樣的材料。所以無機材料並不是製作武器的材料，而是有機材料的反義詞。

首爾大學於一九八三年設立無機材料工程系，深入了解之後才發現，這個科系其實並非當年新設的，而是直接從「窯業工程系」改名而來。窯業工程系跟無機材料工程系，大家可以想想哪個學系聽起來比較吸引人，哪個學系的入學分數較高。

改了名字之後就改變形象的，可不只有科系而已。

美國國防部原本的名字是Department of War（直譯為戰爭部），但現在卻改為Department of Defense（直譯為防禦部）。改名之前，無論再怎麼解釋：「我們是個努力不引發戰爭的部門，不會主動發動攻擊，而是遭受攻擊時採取因應措施……」都沒有用。不過，當他們將名字改為防禦部之後，不需要做太大的努力，形象也變得比以往更正面。近年，國際間也開始以「新興國家」（emerging nations）代替「貧困國家」（poor nations）；死後可以領取的保險，也從「死亡保險」（death insurance）改為「生命保險」（life insurance）。

換了政權之後，就要從單字開始換起。例如「參與」、「創新」這些字眼，以「幸福」、「創造」來取代，遲早這些用詞也會被替換。不換口號，就很難改變國家的框架，這是政治人物從長期累積的經驗中得知的事情。韓國的「行政安全部」

*譯註：在韓文中，「武器」與「無機」發音相同。

曾經改名為「安全行政部」，後來在二〇一四年又分為「行政自治部」、「人事創新處」、「國民安全處」等三個單位。乍看之下會覺得這很可笑，但我們必須承認這是他們為了改變框架所做的努力。因為，用詞即是框架。

框架是一個提問

框架是個提問這一點，我們再怎麼強調都不為過。問題的內容固然重要，順序的重要性也不遑多讓。

下面要介紹的研究，原本是跟調查方法論有關的內容，但它也顯示了框架與問題之間有極深的關聯。研究人員為了瞭解約會對於幸福的重要性，向未婚者提出了兩個問題❼：

A問題

- 你最近有多幸福？
- 你上個月約會幾次？

分析結果顯示，約會次數與幸福之間，大約有0.1的關聯性。約會的頻率雖然會影響幸福，卻不會有太大的影響力。接著，研究人員更換問題的順序之後，再拿去問未婚男女。

B問題

- 你上個月約會幾次？
- 你最近有多幸福？

問完之後發現，幸福與約會之間的關聯性提升到0.6，這樣就能夠說約會對幸福的影響力很大。如果用A順序提問，就會得到「幸福與約會關聯性不高」的結論；

但如果用B順序提問，就會得出「兩者關聯性很高」的結論。這個研究告訴我們，在民意調查中，不光是問題的內容，問題的順序也很重要。

問題順序之所以重要，在於前一個問題會成為解釋後面問題的框架。像A會得出「幸福與約會關聯性不高」的原因，在於第一個問題已經回答過自己幸不幸福，人就不可能去捏造上個月約會的次數。但在B的情況，則是回答上個月約會很多次的人，是用「約會的框架」來看自己的幸福指數，所以較有可能認為自己比較幸福；相同的道理，沒有男女朋友、無法約會的人，用「約會框架」來看自己的生活時，回答不怎麼幸福的可能性就會跟著提升。因此，兩者之間的關聯性也隨之提高。

影響人判斷自己有多幸福的因素，有金錢、健康、家庭、工作、天氣……等等，但如果問對方約了幾次會，就會讓約會成為對方看待人生幸福與否的主要框架，進而造成用約會次數評斷幸福指數的情況。

這個研究更告訴我們另一件事，那就是：在判斷自己幸福與否之前所聽到的問題，就會成為我們用來評價人生的框架。那麼，判斷之前所聽到的問題會是哪些呢？非常有可能是我們常常聽到的問題。如果平時常被問到跟約會有關的問題，那麼那個人常問的問題，也非常有可能與約會有關；常被問到金錢相關問題的人，他所提及的問題，肯定也多半與金錢相關。

因此，我們必須經常檢視自己掛在嘴邊的問題。如果覺得自己的人生很無聊，那或許是因為，你經常掛在嘴邊的問題也很無聊；如果你正過著不明所以的人生，那麼問題本身很可能就有問題；想要尋求更好的解答，就必須檢視我們自己對這個世界提出的疑問。

我不用強者與弱者、成功與失敗區分世上的人。
我只將世上的人分爲學習與不學習的人。

這是班傑明・巴伯說過的話，從這句話中，我們可以看出巴伯對這個世界所提出的疑問。巴伯和別人初次見面時，好奇的不是對方成功與否，而是對方是否仍持續學習。這是無法用「那個人很有錢嗎」這種問題來比擬的美麗想法。一個心境美麗的人，所處的位置、所提的問題，自然都十分美麗。

為了讓大家更深刻地體會問題的框架多麼重要，讓我們一起來看看文化廣播電視台播出的《我是歌手》節目中，發生過的一個小插曲。節目初期，曾經出現《我是歌手》參加者陷入危機的事情，那就是歌手金建模的淘汰與二次挑戰。在韓國極受歡迎的國民歌手金建模在聽眾票選中竟然拿到最後一名，慘遭淘汰，結果和他比賽的歌壇後輩、參與投票的所有聽眾全都感到十分驚慌。一位歌壇後輩哀號著說：「金建模是我最喜歡的歌手，怎麼可以被淘汰！」金建模究竟是怎麼被淘汰的呢？為什麼人們會對金建模遭淘汰感到如此驚訝？

這當中就隱藏著問題的力量，也就是框架的力量。早期，《我是歌手》在表演結束後，會由觀眾票選唱得最好的人。所以觀眾在票選的過程中，思考的是「唱得最好的人」，而不是「唱得最差的人」。

如果一開始問的問題是「誰今天唱得最不好，必須被淘汰」，那麼金建模可能就不會被淘汰，即使金建模那天唱得再普通，也不容易被淘汰。如果一開始問的是「誰唱得最不好，必須被淘汰」，那麼「金建模怎麼可能被淘汰」的反應就成立。

但是，「誰唱得最好」的問題，跟「金建模怎麼可能被淘汰」的反應是相互矛盾的，節目明明是問哪位參加者唱得最好，大家的反應卻像是問誰唱得最不好一樣。

看起來微不足道的問題差異會改變框架，進而對結果帶來深遠的影響，政治圈對這一點早已有深刻體會。在二〇〇二年與二〇一二年在野黨總統候選人整合的過程中，就展現了問題框架的威力。

二〇一二年，文在寅與安哲秀兩位候選人出馬角逐總統，雙方一直無法針對在野整合達成共識，最終，期待安哲秀候選人讓賢、「在野陣營攜手整合」的願望未能實現。於是，要做民調時，文在寅候選人希望是問「支持哪位候選人成為在野陣營共同推舉的候選人」，安哲秀候選人則希望是問「與朴槿惠候選人角逐時，哪位候選人比較有競爭力」。

乍看之下，兩個問題似乎雷同，但其實「支持誰」和「誰比較有競爭力」的說法，完全改變了評價兩位候選人的框架。深知此一道理的兩位候選人，絕不可能在這一點上讓步。也因為在二〇〇二年，已經有在野陣營整合不順利的前車之鑑，所以雙方更是不能退讓。

二〇〇二年的狀況也差不多。當時，盧武鉉候選人希望用「支持度」做為民調的問題，鄭夢準候選人卻希望用「競爭力」做為民調的問題。雙方旗鼓相當，最後達成共識，使用較為折衷的提問方式，戲劇性地完成了在野整合。他們用的問題是：「盧武鉉與鄭夢準兩位候選人之中，您『支持』誰是能與自由韓國黨候選人李會昌『競爭』的單一候選人？」

就結果而言，這個問題似乎對盧武鉉候選人較為有利。正因為深知問題能夠左右總統候選人的人選，甚至是左右未來總統的人選，所以二〇一二年，文在寅與安哲秀兩位候選人更不可能放棄對自己有利的提問。

還有另外一個例子，充分地說明了「框架＝提問」這個道理，那就是首爾市免費供餐的居民投票。當時，首爾市教育廳主張應該要免費供餐，首爾市卻反對這個意見，並說這是社會的政策民粹主義。在這個過程中，前首爾市長吳世勳請辭，此事件也成為引發之後一連串政治變化的導火線。要進行居民投票時，大部分的人都認為投票問的是贊成還是反對免費供餐，大家的想法應該都像下面這樣：

免費供餐，你贊成還是反對？

贊成（　　）　反對（　　）

但是，首爾市所採用的居民投票問句，卻完全顛覆了這個期待。首爾市公開的實際居民投票問句如下：

A. 不分所得高低，自二〇一一年起，所有小學生全面免費供餐；自二〇一二年起，所有中學生全面免費供餐。（　　）

B. 針對家庭所得低於平均的百分之五十的學生，自二〇一四年起，分階段實施免費供餐。（　　）

如果從贊成／反對的角度來看，A相當於首爾市教育廳的「贊成」，B則相當於首爾市政府的「反對」。但是，為什麼首爾市不用贊成／反對這樣的問法，而是採用上述「全面免費供餐／階段性免費供餐」的提問？

這是因為在大部分情況下，無論面對怎樣的議題，大家都會覺得「階段性」聽起來比「全面」更讓人安心。面臨急遽的改變時，人會本能地產生不安與不確定性，所以相較於以「贊成／反對」提問，使用「全面／階段性」這種問法時，首爾市的提議（「階段性」）更可能得票較高。在野黨、市民團體、首爾市教育廳事後才發現問題所在之處，批判首爾市在問題上耍了「花招」，不過，這其實讓我們看見首爾市意圖引導民眾改變思考方式，採取了高明的框架策略。

框架是一個隱喻

這一個關於生日的插曲，是一位很熟的教授告訴我的。那位教授的父親退休前是位三星上將，因為是將軍出身，所以我們可以推測得到，他的日常生活中也充斥著軍人精神。兒子生日當天早上，他將全家人召集起來，說決定今晚要一起用餐，並說了這番話：

「今天是○○的生日，所有人十八點之前在家集合！」

一般人會說下午六點，而不會說十八點。軍人總是將人生比喻為「戰鬥」，人生中有勝者與敗者，有需要先攻、需要伺機等待逆襲的時刻。對他們來說，家庭是負責補給的基地，男人是在最前線戰鬥的戰士，大學入學考試則是牽扯到勝敗的一場戰爭。公司的CEO是將領，競爭對手的CEO則是敵將，公司之間的競爭，是搶先占領高地的戰鬥，他們總是這樣將一切比喻為戰鬥。

隱喻在字典上的定義如下：

隱喻

爲了表達無法傳達的意思，而用具備類似特性的其他事物或觀念來表現。

從廣義來看，隱喻屬於比喻的一種，了解比喻的意思，就能夠體會到隱喻其實也是一種框架。

比喻

不直接說明特定的現象或事物，而是以其他類似的現象或事物來代替說明。

人們很難直接描述某個對象的時候，會用比喻來說明、幫助理解。但為了幫助理解特定事物而使用道具的比喻，會徹底改變人們對該事物的理解框架。就「對人生的理解」這點來看，我們會發現大部分的人對人生的比喻都不太一樣。

棒球教練使用「人生＝棒球」這樣的隱喻，而事實上棒球在美國社會是很重要的隱喻。甚至在說明男女關係時，美國人也經常使用棒球做隱喻，牽手時是「上了一壘」，接吻時則稱為「上了二壘」。

我們也不例外。在人生的關鍵時刻上演逆轉戲碼，被稱做「逆轉全壘打」、「再見全壘打」，要求他人幫忙時則會說請「救火隊」、「救援投手」出馬。從高中時就熱愛棒球的經濟部長官，在記者會上曾說過這樣的話：「我們的經濟必須像不漏接任何一顆球的捕手一樣穩健。」這讓我們了解到，他將國家的經濟比喻成棒球比賽。

觀察一個人或組織使用哪種隱喻，就可以知道他們的框架。金蘭都教授在著作《疼痛，才叫青春》中，就將人生比喻為一天，如果人一生可以活八十歲，那麼四十歲就相當於十二點，二十歲則是早上六點。金蘭都教授在書中嚴厲責備在二十歲時遭遇挫折的年輕人，他說：「早上六點就覺得今天一天很絕望、很挫折的你，腦袋還正常嗎？」

他用韓國社會常用的「君師父一體」，來比喻學生與教授的關係，也就是將老師比喻為君王與父親的意思。這個比喻代表韓國比任何一個文化圈都更尊敬老師，但也是因為這個比喻，所以學生才沒有想過要挑戰教師、教授的權威，為了不要「不尊敬」而過度保持沉默。教育是韓國社會成長的重要原動力，但是我們目前面臨缺乏創意的難題，這個困境的始作俑者，或許也是源自於師父與弟子之間的這個「韓式比喻」也說不定。

有些企業將公司比喻為「家庭」、有些企業將公司比喻為「實驗室」。比喻為家庭的公司相當重視關係，比喻為實驗室的公司則重視冒險與創意。在比喻為家庭的公司裡，職位高低、長幼有序是核心價值，但在比喻為實驗室的公司裡，平等與獨立思考，則是先於職位高低的價值。

個人、家庭、組織、國家都有著各自的隱喻。支配我們人生最強大的隱喻，自然得讓我們幾乎感覺不到，就像魚在水中游那般，我們無法得知自己正活在這樣的隱喻當中。如果想改變框架，那就必須要找出那個隱喻，並將它改變。

框架是一種順序

框架也會以令人意外的方式運作，那就是「經驗的順序」。

二〇一二年初，我參加了一個談話性節目。那是跟金蘭都教授、金正運教授、金尚根教授四人一起，進行一小時演講的節目。這個節目的理念是提供自己的才能幫助他人，所以我欣然決定參與，但卻還是有一些不為人知的擔憂。那就是演講的順序。錄影的時間是配合四位演講者的行程決定，但我不知道自己應該要接在哪一位之後會比較好。

如果接在金蘭都教授後面，我自己覺得似乎不太好。當時他以《疼痛，才叫青春》一書，躍升成為全韓國最受年輕人歡迎的人生導師。而且我也曾經在現場聽過他的演講，所以才會覺得接在他後面演講，實在令人自慚形穢。但如果在金正運教授後面演講，又讓人覺得很有壓力，他的口才與幽默感無人能及。而金尚根教授自然也是一樣，身為神學家兼牧師的他，兼具了高尚的人格與學識，是足以靠演講撼動人心的一位教授，要接在他之後演講並非易事，是個讓人頗為尷尬的情況。

就在這樣的情況下，決定了錄影的日期，幸好實際播出順序是由電視台那邊判斷調整，電視台大概也為這件事情感到相當苦惱。

在日常生活中，我們經常會對順序感到煩惱。決定發表順序的時候要先還是要後，要在誰後面發表，我們都曾經煩惱過這樣的事。在KTV唱歌時也是一樣，我們為什麼會有這樣的煩惱呢？

原因在於我們會用過去的經驗，去看待後來發生的特定事物。二〇〇二年諾貝爾經濟學獎得主、《快思慢想》這本書的作者丹尼爾．康納曼，曾經做過一個實驗，告訴我們順序有多麼重要。現在睡眠式無痛內視鏡相當普及，但康納曼找來在無痛內視鏡尚未普及的時代，就接受內視鏡檢查的人，以他們作為研究對象❽。在這個實驗中，研究人員會即時回報受試者在接受內視鏡檢查期間所感受到的痛苦程度。表示痛苦的方式，是在手裡握一個代表痛苦程度的數字轉盤，如果覺得很痛或是疼痛減輕，就左右轉動轉盤即可。兩位受試者的即時痛苦圖表在下一頁。

A患者大約只用九分鐘就結束檢查，B患者卻花了二十五分鐘才完成檢查。因此，以接受檢查時所經歷的痛苦總量而言（圖表上的灰色面積），B患者壓倒性地超過A患者。檢查結束之後，研究團隊要求他們對檢查作整體的評價。諷刺的是，結果顯示，B患者的整體評價結果比A患者要正面！為什麼經歷較多痛苦的患者對檢查的評價，反而比經歷較少痛苦的患者要好？

即時痛苦圖表

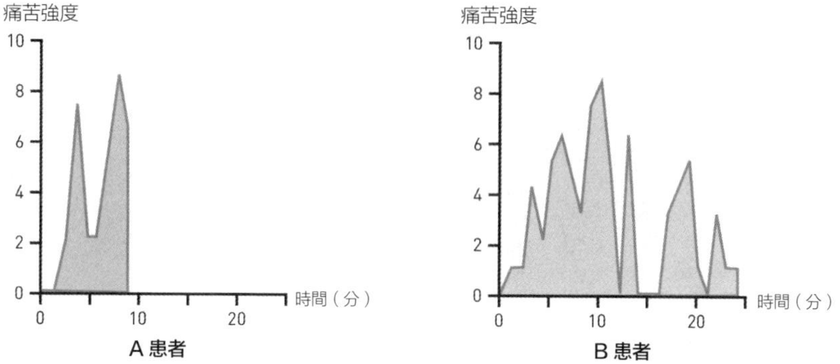

深入分析資料後，研究團隊發現一個人類情感經驗上的驚人秘密。仔細看痛苦圖表，會發現A患者在檢查結束前，經歷了從強度8到強度6的極痛苦時刻，而且檢查就在那一刻結束。相反地，B患者則是在中間經歷了強度8的痛苦，之後痛苦由強度6、5、3、2遞減，接著才結束檢查。

仔細想想前面提到的「順序」框架這個原理。B患者在經歷強度8或強度6的痛苦之後，又繼續經歷到強度3與強度2的痛苦，然而那對他來說，或許已經不再是痛苦了，而是一種「從痛苦中解放」的感受。因為之前經歷了更強烈的痛苦，所以強度3或2反而感覺比較能忍受。就像同樣一碗冷飯，對餓了好多天的人來說依舊美味，但卻會讓總是吃熱騰騰白飯的人感到大失所望，是相同的道理。

在人生中，順序非常重要。有人說，年輕時所經歷的痛苦能永垂不朽，這是因為如果在年輕時經歷過痛苦，人生後半段的經驗會變得較為甜美。不過，儘管我們會說「年輕時的痛苦能永垂不朽」，卻絕對不會說「上了年紀所經歷的痛苦能永垂不朽」，反而會認為人生晚年經歷的痛苦令人痛不欲生，這是因為年輕時那些美好經驗的框架啟動，讓你晚年的痛苦變得比較深刻。

如果能隨心所欲地安排自己的一天，我們就需要好好安排事情發生的順序。如果我們會經歷一件好事與一件壞事，那麼，應該先選擇經歷哪一個呢？一般來說，先經歷壞事的話，感覺會比較好。經歷壞事之後再經歷好事，這樣不僅會感到比較美好，後面所經歷的好事，也會讓我們以更積極樂觀的態度，來詮釋前面所經歷的壞事（當然，也有極少數的狀況是先經歷好事，再以那份喜悅，努力克服後面所發生的痛苦）。

電視就是框架

以大腦和身體的比例來說，人類的大腦可說比其他動物要大上許多，尤其是腦的前半部分，也就是被稱做前額葉皮質的這個地方。為什麼人類有這麼大的前額葉皮質呢？

這裡提供幾個合理的說法。第一個說法認為，這是為了適應複雜的社會生活。為了和人相處，必須要敏銳地察覺對方想要什麼，並且配合對方的想法，來調整自己的思考方式與行為模式。為了完成這麼精密且複雜的社會功能，人類的腦才會這麼發達。

另一個說法則認為，人類為了完成許多在精神上的模擬行為，所以才需要很大的腦。我們一天要面臨無數個選擇，像是該吃什麼、該看什麼、該買什麼這類普通的選擇，以及該從事怎樣的職業、該跟誰來往、該生幾個小孩等等人生抉擇，要做的決定數也數不清。在這選擇的海嘯之中，如果不想做出讓自己後悔的決定，最好的方法就是直接體驗所有可能性；可是這是不切實際的作法，有時甚至超出了常理，我們總不可能跟喜歡的人全都結過一次婚，再從中選擇一個合適的婚姻對象。因此，人類需要「模擬」。吃這個怎麼樣、跟那個人結婚怎麼樣、到這裡工作怎麼樣，我們會以這些精神模擬為依據，做出選擇。也就是說，為了處理這麼多的情況模擬需求，我們才需要這麼大的腦。

電視可以幫助現代人進行精神模擬。透過電視，人們可以體驗自己無法親身經歷的事物、自己未曾從事的工作。透過電視，人類能夠接觸到更多元的可能性。不過，電視不僅會幫助模擬，更會成為我們觀看這個世界的框架。電視裡出現的異性，大多都是帥哥美女，看遍電視上的帥哥美女之後，再看看自己的伴侶，我們會有什麼感覺呢？看越多電視的人，對自己的伴侶滿意度越低，這已經不是什麼新鮮事了。

常看電視的人觀看世界的角度，會因為電視所形塑的框架，而具備以下幾個特色：

- 第一，會覺得世界很危險。
- 第二，會更不信任人。
- 第三，越常看電視的人，就越容易相信陰謀論。
- 第四，越常看電視的人，物質主義就越強烈。

不光是電視，所有媒體都扮演了支配我們思考的框架角色，其中最值得關注的就是廣告。有效的廣告並不會改變「對特定對象的判斷」，而是改變「判斷的對象」。換句話說，就是改變我們看待特定對象的框架。以口腔清潔劑為例，它現在雖已成為日常生活用品，用途卻與最初截然不同。口腔清潔劑原本是用於牙科治療的醫藥品，可是販售這類醫藥用品的公司，希望可以提升銷售額，所以使用了驚人的廣告策略。

Halitosis.

這個單字看起來好像很深奧，其實就只是「口臭」的意思。在二十世紀初，口臭還是很常見的事情，每個人都會有口臭，但這間公司透過一連串的廣告，讓口臭不再是日常的一部分，還成了人際交往的致命障礙。

對那些在朋友結婚典禮上接到捧花的女性，廣告是這麼說的：「妳一輩子都只能接別人的捧花，無法結婚，知道為什麼嗎？那就是因為妳有口臭。」另一個廣告裡，則上演了棒球教練走上投手丘，去跟投手討論戰術的畫面，後來教練竟然直接換了投手：「為什麼？因為你有口臭！」

這一系列的廣告，藉著改變社會大眾對口臭的認知，進而扭轉對口腔清潔劑的看法。廣告與電視扮演著這樣的角色，悄悄改變我們觀看事物的框架。

框架是一種欲望

欲望是框架最強大的支持力量。總有人說，欲望會混淆我們看這個世界的角度，這可以說是老生常談了。如果用心理學的角度來解讀這句話，就會變成：「欲望會創造一個讓我們從特定的角度，觀看這個世界的框架。」

在心理學界曾經掀起爭論的研究之一，讓我們清楚看見欲望所建立的框架具備了多麼龐大的力量。這是由哈佛大學進行的研究，研究人員讓三十個大約十歲的孩子看很多種不同的銅板，並要他們試著畫出跟銅板一樣大小的圓❾。這些受試的孩子中，有一半來自富有家庭，另一半則來自貧窮家庭。對來自哪一種家庭的孩子來說，錢會更珍貴、更重要呢？當然是來自貧窮家庭的孩子。我們可以推測，貧窮家庭的孩子對錢具有更強烈的欲望。

讓孩子們看相同的銅板，要他們畫出跟銅板相同的大小，會出現怎樣的結果？在這裡，我想先特別說明的是，人們通常會將「重要的東西」與「大的東西」畫上等號。重要的人被稱為「大人物」、重要的議題被稱為「大的議題」，從這些例子就能看出端倪。對貧窮家庭的孩子來說，錢很重要，那他們是不是會把銅板畫得比實際更大呢？令人驚訝的是，答案是肯定的。

首先，無論是來自富裕家庭還是貧窮家庭，孩子畫出來的圓都比實際的銅板更大。我們可以從這一點了解到，錢對任何一個孩子來說都很重要。更重要的結果是，來自貧窮家庭的孩子所畫的圓，比富裕家庭的孩子所畫的更大，這與研究人員所預測的相同。不僅如此，銅板的面額越高，孩子畫出來的圓就越大；富裕家庭的孩子身上則沒有這種現象。

這個實驗讓我們知道，「人會只看自己想看的東西」這句話是有所根據的。最近，也有研究機構以更現代的方式，再度執行了這個實驗⑩。實驗人員告訴受試者，電腦螢幕上要是出現數字，就可以喝柳橙汁；要是出現文字，則可以喝對健康有益、但是味道不怎麼好的健康果汁。因為畫面是以極快的速度閃過，所以受試者無法冷靜地判斷自己看見的究竟是數字還是文字。另一群受試者則被告知完全相反的條件，也就是出現數字可以喝健康果汁，出現文字則可以喝柳橙汁。

這場實驗實際使用的畫面如下：

看起來既像數字，也可以是文字，是一個很曖昧的畫面。

結果呢？要看到數字才能喝柳橙汁的受試者，回答自己看見數字13；要看見文字才能喝柳橙汁的受試者，則回答看見英文字母B！不光是回答有所差異，依據深度分析的結果顯示，**他們的眼睛從一開始看到的就是這樣**。我們的眼睛只看自己想看的東西，欲望是一個十分強烈的框架。

最強烈的欲望之一，就是食欲。如果因為不可抗力的因素，必須禁食兩天，那真的是一整天當中，每分每秒都會感覺肚子餓。我曾經為了做內視鏡檢查，從前一天晚上禁食到檢查當天上午，說是禁食，但我還吃了一些做內視鏡檢查前必須服用的藥物，頻繁跑廁所，可說是非常不方便。我徹夜進出廁所，剩下的時間就呈現虛脫的狀態，倒臥在沙發上，不停轉著電視遙控器。

在這個過程中，我發現一件有趣的事情：在韓國的連續劇裡面，真的有很多吃的場景。原本就已經肚子餓、渾身發軟無力，看那些吃飯的場景真是無異於酷刑。雪上加霜的是，那晚看的連續劇裡，韓式、中式、日式、西式料理都各出現了一次。檢查當天早晨，在前往醫院的路上，又有一件令我十分驚訝的事——韓國的路上到底為什麼會有這麼多餐廳？難道是一夜之間突然出現這麼多餐廳嗎？當然不是。

既不是一夜之間突然出現很多餐廳，更不是當天的連續劇有特別多吃飯的場景。其實是因為我肚子餓，才會覺得整個世界充斥著食物。這個框架啟動的結果是，過去那些被我忽略的連續劇用餐場景、街頭的餐廳，都一一被我注意到了。**這個世界並沒有改變，只不過是我看世界的框架變了而已，我卻覺得是世界變了。**

即使改變的是我自己，自己卻誤以為是世界改變，這種現象絕對不是只有我經歷過。

美國康乃爾大學心理系的研究團隊，曾經以三十二名女大生為對象，針對美國食品產業進行全面的意見調查[11]。他們提出了許多問題，例如「電視裡出現的食物廣告較十年前多還是少」等等，最後問這些參加調查的女大生是否正在減肥，相關的問題包括是否在意食量、是否想要避免吃高脂肪的食物等等。

分析結果顯示，相較於不在意減肥的女大生，在意減肥的女大生會在電視上看到比較多食品廣告。難道是因為她們看了不一樣的電視節目嗎？其實，原因很簡單。正在減肥的女大生，就和準備要做內視鏡的我一樣，是以食物的框架來看這個世界。

框架是刻板印象

一對父子出門看棒球賽，車開到中途，居然熄火停在鐵軌上。看著疾駛而來的火車，父親急著轉動車鑰匙想發動車子，卻一點用處也沒有，最後，火車就這麼撞上了汽車。父親當場死亡，兒子身受重傷，移送至急診室。緊急前來動手術的外科醫師看到病歷表，慘叫著說：「我無法為這位傷患動手術，他是我兒子！」⓬

怎麼可能會有這種事？父親跟兒子遭遇事故，父親不是當場死亡了嗎？難道醫生是親生父親，一起去棒球場的父親則是養父？讀到這裡，你理解這個狀況了嗎？其實，醫生是兒子的「母親」。知道這個事實之後，再回頭看整個故事，就會發現一切都變得很自然。

如果這個故事發展讓你驚訝，那或許是因為你具有「外科醫生＝男性」的刻板印象。跳脫性別刻板印象的人，很快就能想到醫生其實是母親。不幸的是，能猜到外科醫生是母親的人並不多。

每次說到負責急診手術的外科醫生，人們幾乎都會自動聯想到男性，這或許是源自於人類歷史、根深蒂固的性別框架所致。

我們被困在許多刻板印象裡，要擺脫人種、性別、年齡、國家、社會、地位、穿著、外表、學歷等創造出來的刻板印象，並不是件容易的事。面對別人的時候，你能不能擺脫源源不絕的刻板印象，堅守自己的客觀理智？抗拒刻板印象這個暴力的框架，接受他人最原始的樣子，是非常值得我們一輩子挑戰的價值。

讀完第一章

框架具備各種不同的形態。我們的假設、前提、標準、刻板印象、隱喻、單字、提問、經驗的順序、邏輯脈絡等，都是框架的典型形態。人們常把框架想成簡單的「心態」，所以會說為了具備好的框架，「決定」讓自己要有好的心態。但是，框架並非我們下決定的對象，而是「設計」的對象。想要改善框架，必須先檢驗自己的語言與隱喻、假設與前提、單字與提問、經驗與脈絡，才能試著將框架改善、設計得更好。

Chapter

02

改變我的框架

隨著我們看待世界的框架不同
我們從人生中所獲得的成果也會不同。
這就是我們必須了解框架的理由

哪種禱告

某天，塞西爾跟莫里斯要去做禮拜。

「莫里斯，你認為在禱告的時候可以抽菸嗎？」

「我也不知道……要不要問一下牧師呢？」

於是塞西爾就問了牧師。

「牧師先生，在禱告的時候可以抽菸嗎？」

「（一臉嚴肅地回答）兄弟，這是絕對不行的，禱告是和神分享的嚴肅對話，當然不能抽菸。」

塞西爾把牧師的回答告訴莫里斯。

「那是你問錯問題了，我再去問他一次。」

這次換成莫里斯去問牧師了。

「牧師先生，在抽菸的時候可以禱告嗎？」

「（帶著溫暖的笑容）兄弟，禱告不分時間和地點，即使是在抽菸，只要你想禱告就可以禱告。」

這是美國廣為流傳的笑話。雖然是同一個問題，但根據我們使用何種框架（邊抽菸邊禱告的行為 vs 邊禱告邊抽菸的行為），會決定我們在生活中獲得怎樣的結果。為了成為一個有智慧的人，這正是我們必須了解框架的原因。

現在，讓我們來看看框架如何完全翻轉我們人生的結果。你會更深刻地感受到，在幸福與不幸、生與死、成功與失敗、甚至是肥胖問題上，框架都發揮了驚人的影響力。

決定幸福的事物

「幸福並不是特定的『什麼』，眞正的問題在於『該怎麼』讓自己幸福。幸福不是一種對象，而是一種才能。」——赫曼·赫塞

有一位大叔擔任環保清潔人員，總是清晨就開始清理滿是惡臭、堆積大量灰塵的垃圾桶，然後再開始清理街道，他一輩子都在從事這樣的工作。任誰看了都覺得這不容易，畢竟不是會受到人尊敬的職業，況且月薪也不高；神奇的是，這位大叔的表情總是很開朗。有天，一位對此感到好奇的年輕人上前問了原因。他問大叔會不會覺得累，怎麼能總是保持快樂的神情？這位環保清潔人員的回答，真是令人拍案叫絕。

「我是在清理地球的一部分！」

這正是幸福的人所具備的框架。這位清潔大叔並不把自己的工作看成「賺錢」

或「打掃街頭」，而是定義成「清理地球」。比起單純的賺錢或打掃街頭這種想法，清理地球這個定義，具備了更高層次的意義。幸福的人就是以這種更具意義的框架來看待這個世界。

「我虛度的今天，是昨日死去的那些人迫切懇求的明天。」

「像無法再愛的人那樣去愛吧。」

「每次面對他人，都要想著這是最後一次。」

這些話無論什麼時候聽，都令人慷慨激昂。這些話，會讓我們重新看待這個世界，讓我們以前所未有的全新方式，對待上天所賜予我們的時間與親朋好友。相較於會說「就只是每天混口飯吃」的人，如果能以具備這種意義的框架來看世界，會活出更有意義、更快樂的人生。

一般人容易具備的框架，通常是層次比較低的框架。「因為現在必須餬口」、「因為覺得麻煩」、「大家都不做啊」等想法，就是典型的低層次框架。

那麼，區分高層次與低層次框架的決定性差異是什麼？那就是在高層次框架

中，我們會問「為什麼」，低層次框架卻總是問「怎麼做」。❶

高層次框架會問：為什麼我們需要做這件事，其原因、意義與目標為何？他們會問未來的展望，並建立起一個理想。但是，低層次框架卻會問：這件事情是容易還是難、要花多少時間、成功的可能性有多少……等具體的問題，所以總是看不見最遠大的目標與偉大的藍圖，只聚焦於身邊的議題、浪費能量。具備高層次框架的人，比起NO更常說YES；低層次框架的人，則是比起YES更常說NO。

「哲秀送花給英熙的行為」，可以從很多不同層次來解讀。我們可以按照「哲秀送花給英熙」的字面意義來解讀，也可以更抽象地去理解成是「哲秀喜歡英熙」。再提升一個層次，則可以解讀成「哲秀很浪漫」。我們擁有自由，能夠選擇是要用具體層次還是抽象層次的框架，來解讀相同的事件。

你選擇哪個層次的框架，會對你追求幸福與人生的意義產生決定性的影響。

高層次的框架，是我們到死前都要堅持的人生態度，是要傳給後代子孫的偉大遺產。如果讓後代子孫能以具有深遠意義的框架來看這個世界，那麼即使不留下鉅額財產，也等於將能夠戰勝這個險峻世界的偉大遺產送給他們了。

決定生活與死亡的框架

「智慧的核心是懂得問正確的問題。」——約翰．西門

過去無線台曾有一個節目叫《睜開眼睛》，是當時為了讓國民重新思考器官捐贈的必要性而製作的，節目中的移植用眼球，大多都是由美國那邊提供，這也讓國民感到有些羞愧與惋惜。

但根據相關統計顯示，美國同意器官捐贈的人並不如我們想像中那麼多。在美

國，一九九五年至二〇〇三年間，未能接受器官移植而喪命的人數多達四萬五千人。

不僅是我們，就連美國人，面對器官捐贈的態度和實際執行的比例之間，確實有著令人驚訝的差距。一九九三年在美國實施的蓋洛普調查顯示，85%的美國人贊成器官捐贈，但實際同意器官捐贈者只有28%。

另一方面，在器官捐贈相關的議題上，歐洲國家卻有一個很有趣的點。歐洲各國在器官移植所需的醫療設施、經濟水準、教育水準、宗教等各方面條件都不同，所以捐贈比例不一樣是當然的，不過即使撇開這些不談，各國器官捐贈的比例還是有著顯著的差異。❷奧地利、比利時、法國、匈牙利、波蘭、葡萄牙、瑞典的器官捐贈比例，較丹麥、荷蘭、英國、德國高；這兩組國家中，同意器官捐贈的比例，差距高達60%。這真是令人匪夷所思，究竟是什麼原因造成這樣的差距？

答案意外地簡單。器官捐贈比例高的國家，是透過政策，讓所有國民自動成為器官捐贈者，若捐贈者本人不希望捐贈，也可以透過一定的程序不捐贈器官。捐贈比例低的國家，則是依照本人的意願，經過一定的程序後，才成為器官捐贈者。

也就是說，捐贈比例高的國家，國民即使什麼都不做也會自動成為捐贈者；捐贈比例低的國家，卻是必須經過特定的程序，才能成為器官捐贈者。儘管是同樣的選擇，不同國家卻採用了不同的框架，一方是讓國民自由選擇「要不要成為器官捐贈者」，另一方則是讓國民自由選擇是否「不要成為器官捐贈者」。

這兩種政策分別被稱為「退出」（Opt-out）和「加入」（Opt-in）。我們可以假設，如果有人非常希望成為器官捐贈者，那麼面臨怎樣的選擇都不是問題，他一定會成為器官捐贈者；相同的道理，很抗拒器官捐贈的人，無論提供怎樣的選擇，都不會選擇器官捐贈。但是，這兩種政策將人們誘導至極為不同的兩種框架，也就會使實際的行為產生極大的差異。

讓國民自動成為器官捐贈者的國家，國民必須找出「不器官捐贈的理由」，因為他們從一開始就是捐贈者，所以很自然地認為器官捐贈是正常的事，也不容易找到不成為器官捐贈者的理由。不僅如此，由於他們什麼都不做就會自動成為捐贈者，所以器官捐贈一點都不麻煩，如果不希望器官捐贈的話，反而要經歷相當複雜的書面程序。

相對的，依照本人意願成為器官捐贈者的國家，國民則要尋找「一定要器官捐贈的理由」。因為他們本來並不需要器官捐贈，對他們來說，不提供器官捐贈是較為常見的情況，如果有人並不打算捐贈，他只要什麼都不做就好；相反地，要成為捐贈者還必須辦理一連串的手續。雖然，只要有心，什麼手續都不會是問題，但「因為覺得麻煩所以死也不願意去做」，不就是人類的心理嗎？

讓國民選擇要不要加入器官捐贈行列的國家，再怎麼強調器官捐贈的必要性、舉辦活動與推廣教育，效果都不會太顯著。反之，實施退出器官捐贈者行列政策的國家，即使不必舉辦太多活動、推廣教育，也會有許多人提供器官捐贈。一個簡單的框架，就能夠左右生死問題。

喚來失敗的逃避框架

「不曾失誤過的人，絕對就是不曾嘗試新事物的人。」——亞伯特．愛因斯坦

「舊約聖經」中，摩西在神的幫助下，歷經一場大洪水後，帶領以色列人在曠野上生存，最後定居於應許之地迦南地。摩西派了十二個人去探索迦南地（民數記十三章），探索回來的人分別報告他們的探索結果，十二人中，有十人的報告內容是反對的。

原因在於，那塊土地雖然很豐饒，定居在那裡的民族卻十分強悍，搶贏他們並不容易。在踏足那塊土地之前，大家已經知道會敗給當地的居民，最好是完全不要在附近出沒。但是，在十二人當中有兩人，也就是迦勒和約書亞，卻強調那是「流著奶與蜜之地」，積極主張要進軍迦南地。當然，結果是以色列人依照與上帝的約定，成功進入了迦南地。

這個故事讓我們看見成功者與安逸者之間的框架差異。成功者的框架是「接觸」，而安逸者的框架是「迴避」。主張接觸的人，關注的是獲得的報酬，所以他們注意的是做了某一件事情之後，獲得的報酬是大是小，並且會相當熱衷於此。

但主張迴避的人，關注的則是失敗的可能性。他們關注的是「一不小心就可能會失誤」，比起可以獲得很大的回報，他們更容易被懲罰的輕重所影響。❸

活在迴避框架下的人，總是將保護自己視為最優先的事情。

比起嘗試困難的事情獲得成就感，他們更想要好好保護自己，不要有遭遇失敗或任何有損自尊心的可能。即使成功的可能性有99%，但他們還是會很在意那1%的失敗率。所以，他們會以「如果失敗的話……」這種自我防禦的假設，去設想最壞的結果，進而避免冒險。具有迴避框架的人，無論經歷怎樣的成功，都不會激動或感激，反而是會感到安心，通常會產生「呼，幸好成功了」、「沒有這麼做真是太好了」等情緒反應。

跳脫舒適圈、「前往地圖之外的地方」這種有勇氣的行為，只有具備接觸框架的人才有機會實現。正因為這種具挑戰精神的框架，飛機才會被發明出來，太空船才得以誕生。逃避意識較強烈的人，絕對不可能去夢想至今從未成功過的危險實驗飛行。

對那些渴望成就的人來說，這個世界是流著奶與蜜的豐饒之地；但對安逸的人來說，卻是假如未經準備就任意出擊，則可能會落得狼狽下場的危險之地。

受困框架的心

以下的英文單字會一次出現在電腦螢幕上，請快速讀完以下的單字。

Macintosh
Mechanism
Michael
Mechanics
Machinery

在讀最後一個單字的時候會不會出錯？明明要讀Machinery，會不會讀成

Mackinery ？或許很多讀者都會這樣讀。在讀前面的單字時，讀者的心已經準備好c或ch應該要發ㄎ的音，所以會不自覺地將Machinery讀成Mackinery。框架的效果就類似這樣，一旦某個特定的框架開始運作，就會讓我們的心準備好以特定的方向看世界。

在上面的例子當中運作的框架，是藉著非常短暫的經驗所形成的框架。短短幾秒內形成的框架，就能對我們有這麼大的影響，那麼，透過一個人的人生、一整個文化，歷經長期歲月所形成的框架，會對人帶來多大的影響，我們也能略知一二了。

他的故事與她的故事

要說一個女性主義者最常拿來舉例的單字，我會毫不猶豫地說是Herstory，這個單字是為了抗議History（歷史）所創造的新字，首次出現在羅賓．摩根（Robin Morgan）這位作家於一九七〇年出版的《女人情誼力量大》（*Sisterhood Is Powerful*）。

當然，Histroy其實並不是His + Story合成的單字。History是源於希臘文的Historia，意思是「透過探究進而學習的行為」。因此，會用Her和Story合起來拼成Herstory，與其說為了抗議Histroy這個單字具有男性中心思想，不如說是在抗議人類的生命與歷史，長期以來都太過以男性為中心進行記述、詮釋。這也象徵著，要重新以女性的角度來看人類的歷史，從女性的觀點來創造屬於自己的人生。

Herstory廣受一九七〇至八〇年代的人歡迎，尤其是讚揚女性主義者的年輕人，這個字眼成為設計T恤時常用的素材之一，由此就能略知一二。

這個單字也曾被韓國女性雜誌拿來當作刊物的名稱，因為，只有這個單字所帶來的全新觀點，可以更強烈地表達自己的主張。

Herstory這個字，比起任何一種理論、道德的批判，都更強烈地扭轉了以男性為中心的社會意識。

擺脫男性中心的框架，或是對那個框架提出疑問的話，就會開始看見新的事物，會開始抗拒那些過去覺得十分自然的事情，原因是所有的事物看起來都跟新的一樣。

如今，稱呼系主任的時候不能稱 chairman，而是該稱 chairperson；寫信件或公文時，也要寫 Dear Sir or Madam；指稱一個人類時，不該說是 man，應該是 human-being 比較恰當。韓文中，要指稱某個領域的先驅者時，總會習慣性以「～之父」來形容，但現在必須改變；小學在為學生編座號時，男學生一定要在前面的慣例也必須終結。

透過 Herstory 的濾鏡所看見的世界，是和過去截然不同的世界。以《自私的基因》（*The Selfish Gene*）一書聞名全球的學者理查．道金斯（Richard Dawkins），在自己的著作《上帝的錯覺》（*The God Delusion*）中，提到這樣的努力是「精神的涵養」。

偏見的謬誤

一九九九年二月四日，美國一位來自非洲幾內亞的移民阿瑪杜·迪亞洛（Amadou Diallo），在自己的公寓前被四名白人警察開了四十一槍，身中十九槍當場死亡。迪亞洛幼年時期，跟著經營事業的父親在多哥、幾內亞、泰國、新加坡等地生活，十分喜愛讀書、音樂與運動，曾經就讀法國國際學校、劍橋大學等世界知名學校，為了繼續進修而前往美國，落腳於紐約布朗克斯十四街，認真過著生活，期待有一天能進他夢想中的大學。

那天晚上，迪亞洛結束工作回家，為了透透氣，到公寓外頭繞了一圈，白人警察卻突然大聲命令他：「站住！把手放在頭上！」四名白人警察懷疑迪亞洛是他們正在追捕的黑人強姦犯，然而迪亞洛不通曉英文，聽不懂警察突如其來的命令，將手放進自己外套的口袋，警察誤以為這個舉動是要拔槍，因此足足開了四十一槍，亂槍將他射死。

後來才發現，當時迪亞洛想要拿的是皮夾。四名白人警察看見迪亞洛的瞬間，認定他和正在追捕的強姦犯很像，所以雖然看見了他的臉，卻完全無法看出他要掏出的東西並不是槍。❹

針對這個事件，警察的律師團隊主張迪亞洛自己採取了戰鬥姿勢，才會遭到射殺身亡。最後，白人警察的行為被判定為「失誤」而非「犯罪」，所有人無罪釋放。迪亞洛的父母向紐約市提告求償八千一百萬美元，最後雙方協議以三百萬美元和解，撤銷告訴，事件到此告一段落。

如果迪亞洛是白人的話，警察還會將他掏皮夾的動作誤認為掏槍的動作嗎？是不是因為白人警察用了「黑人等於犯罪」的刻板印象看待迪亞洛，才會把皮夾誤認為手槍呢？

一個研究團隊以這起悲劇為契機，展開了一項研究，研究結果是一項人類絕對無法相信的真相。在以白人為對象的研究中，研究人員要求受試者玩電視遊樂器，如果在完全無法預測的時刻，突然有個人出現在畫面上，對方手上還拿著武器，就要按下「發射」的按鈕；不過，假如那個人拿著的不是武器，而是其他東西，就要按另一個按鈕。在這些情況下，出現在眼前的人可能是白人，也可能是黑人。受試者被要求要盡可能地選一個按鈕來按，當然，團隊也事先告訴他們可能會發生失誤。

在這個遊戲中會出現兩種失誤，一是出場人物拿著武器卻沒有按下發射按鈕，二是對方沒有拿著武器卻按下發射鈕。因為人物以極快的速度出現，受試者必須在極短的時間內做決定，這樣的條件與遇上迪亞洛的警察極為相似。

實驗的結果相當衝擊。出場人物拿著武器卻沒有按下發射的「失誤」，大多發生在對方是白人的情況下；但是，出場人物沒有拿著武器，卻按下發射鈕的「失誤」，大多發生在對方是黑人的情況下。

白人受試者是以「黑人等於犯罪者」的刻板印象來看這個世界，所以犯下這類失誤。或許，那些白人警察也是帶著這樣的刻板印象，才會誤以為自己看見不存在的武器。

百事可樂贏過可口可樂的力量

讓百事可樂在「可樂戰爭」中贏過可口可樂的約翰．史考利（John Scully），在解決問題的過程中，比任何人都更準確地洞悉框架的威力，是一位行銷鬼才。

史考利於一九六七年進入百事可樂，並在一九七〇年成為最年輕的行銷負責人，一九七七年成為最年輕的總裁。有趣的是，他能夠飛速晉升，是從「瓶子」開始的。❺

當時百事可樂認為，可口可樂的成功是因為獨特的瓶身設計。可口可樂的瓶子本身就是一個商品，也是一個象徵。所以百事可樂認為，想要贏過可口可樂的話，唯有「設計出比可口可樂更與眾不同的瓶子」，於是多年來投入大量金錢做設計開發。史考利剛進公司時所待的部門，也是製造新瓶子的部門。可是，即使投資了大量資金，結果依然令人不太滿意，始終無法超越可口可樂。這時，史考利想通，百事可樂誤解了問題的本質。他發現，重點不在於製造出比可口可樂更與眾不同的瓶子，而是引導人們多喝百事可樂，這才是問題的核心。從那時候開始，百事可樂就開始重新定義問題的本質。

接著，史考利便展開百事可樂史上第一次的大規模消費者問卷調查❻，以三百五十戶家庭為對象，調查他們消費碳酸飲料的習慣。結果顯示，消費者不在乎可樂的瓶子大小或分量，只要把可樂買回家就一定會全部喝光，不會有任何浪費，無論瓶子是大是小，買了可樂就會全部喝光。注意到這一點的史考利，決定把百事可樂的瓶子做得比可口可樂更大，也推出了多種不同大小的包裝，方便消費者帶回家。

這樣的決策大獲成功，原本可口可樂看似難以攻陷，如今百事可樂終於有了勝利的一線曙光。如果百事可樂繼續將問題的重點擺在「可樂瓶身的設計」，絕對不可能達成這樣的壯舉。

遭遇到某些問題時，無法找到解決之道的原因，很可能在於一開始就沒有正確掌握問題的本質。**框架是解決問題最重要的鑰匙**。就好比創作者無法為自己的作品拍攝作品照，並不完全是因為相機的性能不佳，通常是因為無法捕捉到「好看的角度」。

最後通牒遊戲

經濟學家和心理學家，會透過「遊戲」的狀況來分析人的行為。「最後通牒遊戲」就是其中一個工具，遊戲說明如下：

假設這裡有一萬韓元，有兩個人可以分這一萬元，由其中一個人（分配者）決定好該如何分配，並向另一個人（決定者）提議。決定者可以拒絕或接受分配者的提議，如果接受分配者的提議，那即使自己分配的金額較低，決定者也必須要接受。如果決定者拒絕提議，那兩個人就一毛錢也拿不到。

這時，分配者可以提議公平的五五分，但也可能提出對自己有利的分配方式，例如自己拿走九千韓元，對方拿走一千韓元，或是提議要分比較多給對方。總之，站在決定者的立場來看，比起一毛錢都拿不到，只拿一點點是更實際的，即使是對自己不利的提議，只要不是對方全拿，都還算合理。

單純從經濟角度來看，確實如此。只是，許多問題不能只用經濟標準來衡量，有時候，獲得適當待遇的滿足感比錢更重要。也因此，雖然只拿一千韓元也好過一毛都拿不到，但一想到這種不公平的分配方式，可能會有人認為，即使一毛也拿不到，也要拒絕分配者的提議，用「我什麼都得不到，那你也休想得到」的方式來面對這個問題。因此，分配者要盡可能提出對自己有利的分配方式，同時也得注意不要傷害到對方。

有趣的是，當這個遊戲被取名為「華爾街遊戲」時，受試者會提出對自己更有利的分配；取名為「社交遊戲」時，受試者則會提出較公平的分配方式。這是因為不同的遊戲名稱，啟動了不同的框架。更有趣的事情是，人們看待遊戲的框架，並不只是來自於遊戲的名稱。

根據史丹佛大學李．羅斯（Lee Rose）教授所帶領的研究，框架很可能是自動從物體衍伸出來的。❼這個研究團隊分別給受試者看了五種物品的照片，要他們按照物品的高度排序。研究團隊刻意將物品都拍得差不多大，並要求每一位受試者專注在照片中的物品上。A實驗組的受試者們看到的，是與商業有關的物品，也就是公事包、鋼筆、會議室的桌子、西裝、西裝用皮鞋。B實驗組的受試者們，看到的則是與商業無關的插座、風箏、火雞、鯨魚、樂譜等物品。

接著，他們讓受試者玩「最後通牒遊戲」，擔任分配者角色的人，要把一定金額的錢分給另一個人。資料分析結果顯示，看到與商業無關的物品的B實驗組，有91%的人都提議公平的五五對分。但看到商業相關物品的A實驗組，則只有33%的人提議公平的五五對分。這表示，光是看到與競爭有關的物品，就可能讓人下意識啟動競爭的框架，努力將自己的利益極大化。

這樣的情況只限於照片嗎？研究團隊在後續的實驗當中，讓受試者看了實際的物品。在A實驗組玩最後通牒遊戲的實驗室裡，放了公事包、黑色的高級文件資料夾，受試者面前則放了一枝銀製高級辦公用筆。實驗團隊將遊戲所需要的資料，從公事包裡拿出來交給受試者，受試者用團隊提供的高級辦公筆填寫問卷調查，把問卷放入準備好的高級文件夾中。相反地，B實驗組則是用一般公事包代替高級公事包、紙箱代替高級文件夾、鉛筆代替高級辦公筆。結果，B實驗組的受試者中，百分之百提出五五對分的提議；接觸到具備商業特性物品的A實驗組受試者，只有50%的人提出五五對分的提議。

從這個實驗結果我們可以知道，框架會透過周遭的小事物，在不知不覺間影響我們的行為。周遭的物品不單只是生活的工具，更會成為左右我們思考與行為的框架工具。只要能夠察覺這一點，在選擇物品時就會更加謹慎，畢竟框架並不只是單純的「下定決心」而已。

擁有與經驗的差異

「一張桌子、一張椅子、一盤水果和小提琴；人要變得幸福，除此之外還需要些什麼？」——亞伯特·愛因斯坦二十世紀最具影響力的哲學家之一埃里希．弗羅姆（Erich Fromm）在著作《生命的展現》（*To Have or To Be*）中，批判工業化促進物質生活富足所帶來的弊端，也強調我們的人生應該從「占有」轉變為「存有」。

在日常生活中，最常用來比較「占有框架」與「經驗（存有）框架」的例子，就是消費。即使買了相同的物品，受到經驗框架驅使而購買該物品的人，關注的是以透過該物品產生全新的體驗；受到占有框架驅使而購買的人，則會將焦點擺在「擁有這個東西」上面。假設現在要購買書桌和椅子，被占有框架驅使的人，會將這件事看成單純的「張羅家具」，希望自己擁有比別人更好的家具。不過，被經驗框架驅使的人，則會期待透過書桌和椅子體驗的知性世界，想像坐在那裡讀的書、寫下的日記等等。

二〇〇〇年十一月與十二月，社會心理學家范．博文（Van Boven）所帶領的研究團隊，以一千兩百多位受試者為研究對象，年齡橫跨二十歲至六十歲，進行問卷調查。❽調查內容主要是關於家庭經濟的意見，問卷最後請受試者針對兩個方面，各選出一樣物品：一種是他們活到現在，曾經為了讓自己更幸福，以「擁有」

為目的而購買的物品（服飾、珠寶、電子產品等），另一種是為了「經驗」而購買的物品（演唱會門票、滑雪旅行等）。接著，受試者要從這兩樣物品中，選出哪一樣讓自己更幸福。

結果，覺得為了經驗購買的物品讓自己更幸福的人有57％，為了擁有而購買並且變得更加幸福的人只有34％（這兩個數字加總不到百分之百，是因為有些人回答自己選不出來，也有人完全沒有回答）。這個結果告訴我們，相較於為了擁有特定的物品而消費，如果是透過購買來讓自己產生全新的人生體驗，更容易感覺到幸福。

實施這個問卷調查的心理學者分析，「為了經驗購買的物品」大部分都會跟人際關係有關，例如跟某人一起去看演唱會、一起去旅行；即使是獨自觀賞演出，也會因為演出者出色的表現而大受感動，在情緒上產生共鳴。這種能夠分享的經驗，讓人產生真正的幸福感。

因此，聰明的消費者會努力建立經驗框架，而非占有框架。就像埃里希．弗羅姆的忠告一樣，在提升生活品質這方面，經驗框架遠比占有框架重要得多。

肥胖的解決方法

法國超市常見的優格容量是一百二十五克，美國超市常見的優格容量則是兩百二十七克。當美國人吃一個優格的時候，法國人會不會因為優格的容量較少，所以一次吃兩個呢？

決定食物攝取量最簡單也最有威力的因素，就是容器的大小。盛裝食物的器皿（也就是吃一次的基本單位）越大，吃下的食物分量就會越多。言下之意就是，飯碗較大時，吃下的飯會比飯碗小時更多。當然，你可能會疑惑：「如果知道自己的肚子有多餓，即便用小碗也會多吃幾碗，那吃下去的分量還不是差不多？」「無論碗再怎麼大，只要知道自己肚子餓的程度，就會把吃不完的飯留下來，吃下去的分量應該不會差太多？」不過，答案是「並非如此」。

美國哥倫比亞大學的著名心理學家保羅．羅津（Paul Rozin）教授，曾經和同事共同進行一個實驗，證明基本單位的大小是影響食物攝取量的決定性因素。[9]羅津教授的團隊進行的實驗如下：早餐時間，在一間公司的大廳，放了可以簡單享用的巧克力糖，供職員自由帶回家。其中一天放了八十顆三公克的糖果，另一天放了二十顆十二公克的糖果，等到下午，再調查所剩的糖果數量。

如果人是根據自己的食欲來決定吃多少，那麼，放三公克糖果的那一天，消耗量應該會是放十二公克糖果那天的四倍。結果並非如此，放十二公克糖果的那天，大家吃的分量反而更多。

在另一間美國高級公寓，同一個團隊也進行了類似的實驗，以相同的方法進行。實驗團隊在公寓玄關放了一個裝滿了M＆M巧克力的容器，旁邊附上一根湯匙，讓住戶經過時可以舀一些來吃。第一天放的是小湯匙，隔天則放了大上四倍的湯匙。等到下午調查剩餘分量時，會有怎樣的結果？一如預期，放大湯匙的那天，住戶吃掉了更多巧克力。

與其說是食欲決定食量，更正確地說，應該是容器的大小決定食量才對。為什麼會發生這種事情？是因為容器的大小會啟動框架。**人們通常會將基本的分量，解釋成為「社會所期待的平均值」**。因此，如果容器較大，剩下的食物就會讓人產生罪惡感；容器較小時，要是吃多一點，則會產生「會不會吃太多了」的不安。沒有任何人強調這樣的想法，可是眼前的容器大小會啟動框架，讓我們認為這樣的分量才是「標準」的。

有一本瘦身書叫做《每個人都能瘦十公斤》。這本書讓讀者既感受到「每個人」所帶來的安慰，又感受到「十公斤」帶來的希望。❿作者是當時任教首爾大學醫學院的劉泰宇教授，他建議大家，無論食物的種類為何，都只吃一半就好。他提倡的不是選擇式瘦身法，不是要告訴大家什麼能吃、什麼不能吃，而是不論任何種類，都只要吃一半就好。記者詢問，對身體好的蔬菜是否也要減少一半，劉教授這麼回答：

「當然要。除了每天喝的水之外，所有的食物都要減少一半。在廚房工作的人，經常會在洗碗時下意識吃東西，這也要減少一半。外食的時候，食物也要剩下一半。聚餐的時候，不要自己點一份餐，只要分一、兩口別人的東西來吃，也是一個很好的方法。」（《韓民族新聞》二〇〇六年九月二十日刊登）

很多人都同意劉教授的忠告，但卻也想問：「我認同這點，但該怎麼做才能只吃一半呢？」

「框架」給大家的答案很簡單，就是把所有的容器都縮小至原本的一半大。

讀完第二章

智慧是每個人追求的事物，不過，智慧也是需要持續訓練的。智慧需要經年累月的練習，也能透過教育獲得。所以，智慧研究大師羅伯特·史登堡（Robert Sternberg）教授強力主張，學校應該將教導智慧的科目納入教學課程。[11]

智慧並不是藉由等待而來，而是要積極訓練的，因為智慧的本質是刺激我們心智的極限。幸運的是，今天我們可以透過無數學者的心理學、神經科學、經濟學成果，更輕易、更有體系地了解心智的極限。而極限的重點，就是框架。

Chapter

03

世界，

難以忍受的

曖昧模糊

曖昧是人生的法則，不是例外。

我們的感受經驗，與每個人極為個人的判斷，

都受到框架的影響。

為這個充滿曖昧的世界賦予秩序的，就是框架。

簡言之，框架對我們來說是一座「連接曖昧世界的橋樑」。

問題：華氏50度是攝氏幾度？

如果有人很快回答出這個問題，我們只會稱讚對方聰明，卻不會稱讚對方有智慧。計算機能在眨眼之間解開這個問題，但我們並不會將計算機捧在掌心，當成「智慧的計算機」來崇拜。因為，這個問題只存在一個唯一的解答，只要代入公式，任何人都能輕鬆回答出來（要將華氏轉換為攝氏，只要用華氏減去32，再除以1.8就可以了，所以上述問題的答案是攝氏10度）。數學家或認知心理學家將這種有明確答案的問題稱為「結構化問題」，或「定義明確問題」。

相反地，需要智慧來解答的問題，則稱為「非結構化問題」或「定義不明確問題」。舉例來說，「英國是否該脫離歐盟」，或是「夫妻離婚時，子女該交給誰來撫養」，這類的問題就屬於這個範疇。這些問題沒有唯一的正確答案，而是因為人的觀點，也就是框架的差異，使我們產生不同的意見。為了解決這樣的問題，人與人之間便可能為了要讓對方接受自己的框架，掀起一場激烈的「框架戰爭」。

柏克萊大學的喬治·雷可夫（George Lakoff）教授表示，美國保守陣營將攻擊伊拉克的行動命名為「反恐戰爭」，進步派陣營卻認為這是「占領」行動。❶如果把伊拉克問題的本質定義為「戰爭」，解決之道就十分明確；這樣一來，就會啟動「一定要打贏」的框架，從這個框架來看，自伊拉克撤兵相當於在這場戰爭「敗北」。相反地，如果將伊拉克問題定義為「占領」，從伊拉克撤兵就成了理所當然，問題只在於何時要撤兵而已。

政黨會在重要選舉之前，搶先喊出足以成為話題的口號和議題，也是同樣的邏輯。正因如此，各政黨會在選舉是「民主vs民主」、「混亂vs穩定」，地方選舉是「檢視中央施政結果的機會」、「審判地方腐敗勢力的機會」……等問題上廝殺。

我們生活中遇到的問題，大多是「非結構化問題」，因為這個世界充滿了曖昧。如果我們經歷、遇到的事件，都只有一個明確的解答，那麼就不需要框架，也不需要智慧了。

這一章將會說明，我們身處的世界是個多麼曖昧模糊的地方，以至於需要框架的存在。

感受的不確定性

在我們的眾多經驗中，有什麼比感覺的經驗更加明確嗎？與他人爭論時，沒有什麼比「我親眼看見的」、「我親自吃過了」這些話更具說服力，不管搬出再精確的邏輯、再深奧的理論，當對方主張自己親身經歷的時候，便毫無用武之地。無論具備多少與螃蟹味相關的深奧知識，那些沒有親自品嘗過螃蟹的人，面對「你知道螃蟹是什麼味道嗎」的問句，都只能甘拜下風。可是，我們如此深信不疑的感受經驗，其實也存在著令人驚訝的模糊地帶。

從旁邊這張圖的中間那一行開始，由上往下看一遍，你會看見英文字母A、B、C。

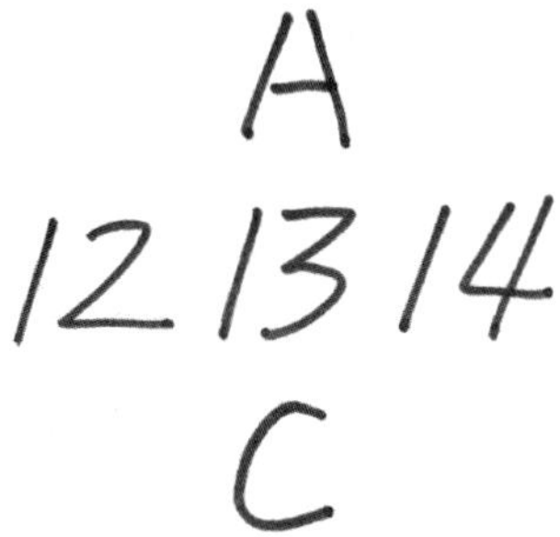

現在，用手指把A和C遮住，再從左到右看一遍，這時你一定會看見12、13、14。

要怎麼做，才能讓正中央的圖看起來既是B又是13呢？雖然是相同的圖案，但從上往下看時，會因為前後的字母，而刺激「文字框架」；從左右觀看時，卻會因為左右的數字，而刺激「數字框架」。雖然這是個完美的視覺刺激，完美地造成這樣的結果，不過這個例子也讓我們了解，現實生活中的刺激存在著模糊地帶，我們用什麼樣的框架去看事情，就會看到完全不同的樣貌。

就像這樣，我們的感受經驗，通常也不是客觀、固定的。隨著框架的改變，我們的經驗可能存在一些模糊地帶，這點請大家務必牢記。

順序的力量

社會心理學家所羅門．阿希（Solomon Asch）在一九四六年做過一個實驗，讓我們知道人的心理屬性有多麼模糊、不明確。❷在這個實驗中，阿希給了受試者幾項關於某個人的情報，要大家推測這是一個怎樣的人。條件A的受試者所獲得的情報順序如下：

條件A

知性的
勤勞的
衝動的
批判的
固執的
嫉妒心強的

條件B的受試者獲得的情報相同，但順序卻正好相反。

條件B
嫉妒心強的
固執的
批判的
衝動的

勤勞的
知性的

如果把我們接收到的情報比喻成藥丸，當醫生開的處方當中有六顆藥丸，這時假如不是非常特殊的情況，無論先吃紅色藥丸還是先吃藍色藥丸，都不會有太大的問題。

要是阿希的實驗中，這六項情報就像藥丸，那麼兩組受試者應該會對那個人產生相同的印象。可是，心理屬性情報卻和藥丸的結果有所差異。

資料分析結果顯示，A組受試者的印象較B組受試者友善。請讀者也親自體會看看這兩組條件，就可以明白，一個特性出現在另一個特性的前面或後面，能讓我們對一個人產生截然不同的認識。

舉例來說：最先看到「知性的」這個特質，A組會把這組條件解釋為：「有點衝動也有點固執，但天才不都是這樣？」受試者因此認為，這個人是典型的天才。但是，B組卻認為這是個驕傲又冷漠的人。

「固執的」所代表的意義呢？如果出現在「知性的」之後，會給人執著、果決的印象，但如果出現在「嫉妒心強的」之後，則會給人封閉、小氣的形象，對吧？因為，較早被提及的情報，會影響我們對後來情報的詮釋。

對某一個人的印象也並不是十分明確的事情，因此根據我們所使用的框架，我們可能將同一個人看成天才，也可能認為這個人驕傲自大。

冥王星的命運

從小學開始，我們就用「水金地火木土天海冥」的口訣，來背繞著太陽轉的九顆行星。相信一定還有很多讀者記得這個口訣。不過，當中的「冥王星」已經從行星被除名了。冥王星是九顆行星中最小、最可愛的行星，受到人們的喜愛，但是國際天文學協會（International Astronomical Union，以下稱ＩＡＵ）在二〇〇六年八月二十四日，於捷克布拉格召開大會，宣布冥王星不再是行星。如今，冥王星是獨自留在茫茫宇宙中，而且是以「小行星 134340」為名，不再使用冥王星這個名字。

其實，冥王星被除名，對我們的日常生活並沒有什麼改變。只是科學書籍的一部分有所更動，科學博物館更換了圖片，有一段時間，學校的考卷上也經常出現「以下何者不是行星」的問題。即便如此，這個問題也只是負責教育的人和學生必須承擔的小混亂而已。對已經出了社會的成年人來說，帶來的改變不過就是口訣縮短，變成「水金地火木土天海」罷了。對爺爺奶奶來說，頂多是一直到離開人世之前都以為行星有九個，對成年人來說，則是和新世代多了一點世代差異。除了這幾個小問題之外，對生活沒有太大的影響。

但冥王星的除名爭議，卻大大影響了另一個問題：科學的客觀性。在二〇〇六年的大會，ＩＡＵ是採投票表決，來決定是否將冥王星除名，並根據投票結果為基礎做出最終決定。以客觀事實為準則的科學，為什麼會採用投票的結果？行星就是行星，為什麼需要投票？投票決定冥王星是不是行星，這件事代表每一位科學家對行星的定義可能不太一樣，也讓我們知道，科學並不一定能夠完美定義所有問題。

當初，IAU為了消弭冥王星地位的爭議，邀請了十九位科學家組成委員會，經過兩年的爭論，依然無法找出適當的解決方案。於是IAU再次組成一個小委員會，於二〇〇六年六月十日和七月一日，在巴黎開了兩次會，提議維持冥王星的行星地位，同時承認和冥王星類似的三顆星體為行星。新的三個星體中，編號2003UB313這顆星體，被暫時稱為西娜（Xena）。

結果這個提議立刻被反對，諷刺的是，主要的反對者，就是發現西娜、任職加州理工學院的麥克·布朗（Mike Brown）教授，當初也是布朗教授正式引發了冥王星的行星地位爭議。布朗教授大可享受自己發現的星體被升格為行星的喜悅，但他卻不同意新修正案中對行星的定義。他說，用投票來決定什麼是行星，這絕對不是科學。他甚至警告，若依照新的修正案來執行，往後行星數將會增加至難以預測的程度。

經歷了這麼戲劇化的發展，IAU終於還是將冥王星從行星中除名，維持「典型的八顆行星」（引發爭論的星體西娜，後來則根據希臘神話當中，因為丟了一顆金蘋果而引發特洛伊戰爭的鬩神厄里斯，命名為鬩神星）。然而，行星的定義尚未完全定案，或許未來「水金地火木土天海」的口訣還會再改變，我們也會在不知道又有哪顆星體升格、哪顆星體除名的狀況下離開人世，後世子孫或許還會認為我們是「值得憐憫的祖先」呢。

銅牌比銀牌更幸福的原因

美國康乃爾大學心理系研究團隊，詳細分析了一九九二年NBC電視台轉播夏季奧運的相關資料。這個研究是根據奪牌者在比賽結束的瞬間，做出了什麼樣的表情，藉此分析奪牌者的情緒。❸研究團隊請參加實驗的觀察者觀看奪牌者的表情

（共二十三位銀牌得主、十八位銅牌得主），並以滿分十分的標準，來判斷他們的情緒是接近「悲痛」還是接近「歡喜」。

此外，團隊也用相同的方式，觀察頒獎典禮上各位選手的情緒，分析了二十位銀牌得主、十五位銅牌得主的畫面。

結果顯示，比賽結束、決定獎牌顏色的瞬間，銅牌得主的幸福分數是7.1，比起悲痛更接近歡喜。可是，銀牌得主的幸福分數卻只有4.8，是與歡喜差距甚大的情感表現。從客觀的成就來看，銀牌得主獲得的成就比銅牌得主大上許多，但雙方感受到的成就卻正好相反。頒獎典禮上，他們的情緒也沒有改變，銅牌得主的幸福分數是5.7，銀牌得主只有4.3。

這個研究團隊進一步分析銀牌得主與銅牌得主的訪談內容，觀察選手在訪談內容中，是顯露出較多「就差一點點了」的惋惜，還是「至少達到這個目標了」的滿足。分析結果顯示，銅牌得主在訪談中表現出更多滿足感，銀牌得主卻幾乎都是惋惜。

為什麼銀牌得主的滿足感比不上銅牌得主？因為，選手會將自己獲得的實際成就，拿來和自己理想的成就比較，將客觀的成就當成主觀成就來看待。銀牌得主的理想成就，當然就是獲得金牌了。

「如果第二局的發球不要失誤，搞不好就能拿到金牌了。」

和獲得最高成就的金牌相比，銀牌對選手來說是令自己失望的。但是，銅牌選手所比較的假想成就是「無牌」，只要差一點點就會屈居第四，所以主觀來看，銅牌帶來的幸福分數會比銀牌高上許多。

這個研究告訴我們，客觀來看，比起取得較高成就的銀牌得主，取得較低成就的銅牌得主反而幸福得多。這就好比，相較於差點拿到A-、只拿到B+的學生，那些為了不只拿個C+、拚命努力得到B-的學生，反而會更快樂。

即使給予相同的視覺刺激，我們還是會因為四周的環境不同，進而產生不同的詮釋；同樣的道理，我們也是透過比較不同的成就（即使那只是想像中的成就），來詮釋某個成就的價值。

這種空間上的比較、時間上的比較、甚至是想像中的比較，都會重新構成我們現實中的主觀意識。也就是說，我們對現實的標準，本質上是模糊的。

問題的威力

比較框架有可能不是我們自己的選擇，而是來自外界的誘導。舉例來說，常看電視的男性，會認為自己的朋友和配偶沒有魅力，因為他們會將現實生活中的配偶與異性朋友，拿去跟電視裡年輕又有魅力的女性互相比較，在不知不覺間落入框架的陷阱。

不知不覺間產生特定的框架，不一定是壞事。一九九〇年，加拿大滑鐵盧大學研究團隊曾進行一個研究，研究內容是讓信基督教的女大學生閱讀描述女性私密性幻想的文字❹，之後，偶爾讓其中一組女大生短暫地看見教宗若望保祿二世的照片，再讓她們進行自我評價。另一組女大生則不是看教宗的照片，而是換成一位陌生中年男子的照片。兩組觀看照片的時間，都短到無法辨識照片上的人究竟是誰。

結果顯示，觀看教宗照片的女大生，對自己的負面評價多於觀看陌生男性照片的組別。閱讀性幻想文字後看到教宗照片的女大生，產生了較多罪惡感。人之所以

1 2 3 4 5 6 7

◀非常內向　　非常外向▶

會將自己信仰的宗教象徵，放在家中、汽車、工作場所，就在於這些象徵物會在我們下意識之中，持續讓我們產生堅定不移的宗教框架。

不過，框架不一定只會來自外部的強迫或是隱晦的誘導。我們對自己提出的「疑問」或是「對話」，也可能會引導我們走進特定的框架。

想要知道自己外向還是內向時，我們會可能問自己「我外向嗎」，也可能會問自己「我內向嗎」。想知道身高或體重這些客觀數據的話，很快就能確認了，可是心理特質卻一定要經歷這樣的過程。

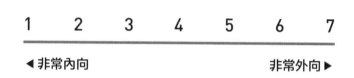

有個人在自問「我外向嗎」之後，用以上的七分評量尺來自我評量。

這個人回想自己過去的行為模式，或是參考身邊親友的評價，並以這些為基礎來作答。假設這個人的問題不是「我外向嗎」，而是「我內向嗎」，部分讀者可能會認為這兩個問題根本沒有差別。

但是，研究團隊以社會心理學家齊瓦．孔達（Ziva Kunda）的研究為基礎，進行另一項研究的結果顯示，讀者這樣的想法其實是錯的。❺簡言之，當別人問你「外向嗎」的時候，你的回答會比問「內向嗎」更保守。問題的方向會影響判斷，讓你從比較不一樣的角度看待自己的個性。這是因為問題的方向啟動了框架，帶領你去尋找特定的證據。

如果問題是「我外向嗎」，你就會想要找外向的證據，反而找不太到自己內向的證明。如果問的是「我內向嗎」，你就會去回憶內向的行為，不會想起外向的經驗。最後，兩者都會讓你做出跟問題方向一致的判斷。

「自我認知」並不是固定的，而是會隨著框架改變；框架本身，則是根據問題的方向等非常細微的因素而定。

讀完第三章

繼傳統的智商（IQ）概念之後，情緒智商（EQ）與社交智商（SQ）的概念出現時，很多人之所以感到興奮，在於這些新出現的概念更重視一個人是否有智慧，而不是將重點完全擺在一個人是否聰明。我們知道，我們很難斬釘截鐵地說人生的問題只有唯一的正解，這就是為什麼情緒智商、社會智商這兩個概念這麼受歡迎。

模糊的人生法則也不例外。我們的感覺經驗以及個人所做出的判斷，都受到框架的影響。在這個模糊不清的世界中，為其賦予秩序、賦予意義的，也正是框架。簡言之，框架對我們來說是「連接模糊世界的橋樑」。

Chapter

04

自我的框架：世界的中心是我自己

我們無法阻止自己
成為觀看這個世界的交流窗口，
但是智慧卻能夠讓受限於自我中心思想的我們
變得更加謙遜。

很久以前，有一個叫做《電波見聞錄》的電視節目。這個娛樂節目讓小朋友們說明自己看見怎樣的世界，再讓參與節目的藝人分組，猜小朋友到底在說什麼。由於是用小朋友的角度來說明特定的事物，只靠說明，很難猜對答案。以下列出幾個在《電波見聞錄》出現過的問題，讀者們也來猜猜看吧。

① 媽媽嚇到了，爸爸打下去。
② 這個人去了就會被罵。
③ 我拿到一百分，爸爸媽媽就會說這句話。
④ 沒有這個不能唱歌。
⑤ 這個總是軟趴趴。

這個節目的有趣之處，在於可以比較小朋友跟大人對同一個事物的看法。看著大人被困在長期培養出來的框架當中，手足無措，會覺得這節目真是別有一番樂趣。

還有個更有趣的地方，就是到了節目中段，節目會只向觀眾公開正確答案。觀眾既然知道了答案，會覺得猜不出答案的嘉賓看起來很好笑，甚至還會因此貶低嘉賓：已經給了這麼多提示，居然還猜不到。只要知道答案，最初那些聽起來很模稜兩可的提示，就變得一點也不模稜兩可了，甚至還會變成非常明確的提示。因為我（觀眾）知道答案，所以能夠明確地聽懂提示在說什麼，甚至會產生一種愉快的錯覺，認為即使自己不知道答案，也不可能猜不出這種程度的問題。

究竟，各位能否從前面的提示中猜出正確答案呢？來看看你猜對幾個吧。

①媽媽嚇到了，爸爸打下去。↓（蟑螂）
②這個人去了就會被罵。↓（客人）
③我拿到一百分，爸爸媽媽就會說這句話。↓（真的嗎？）
④沒有這個就不能唱歌。↓（開始）
⑤這個總是軟趴趴。↓（爸爸的肚子肉）

知道答案之後再來看提示，會覺得提示真的給得很好，對吧？

自我中心

美國康乃爾大學的史登堡教授認為，愚昧的首要條件就是「自我中心」。有一個實驗用很有趣的方式，來呈現人類的自我中心，那是美國史丹佛大學心理系所做的實驗。❶

在這個實驗中，他們將兩個大學生分成一組，讓其中一人用手指在書桌上演奏一首歌曲，另外一人則要猜出對方演奏的歌名是什麼。這時，用手指演奏的人不可以告訴對方答案，也不可以用嘴巴哼唱，只能用手指演奏音樂的旋律。音樂演奏完之後，擔任聽眾的受試者要推測演奏者所演奏的歌名，演奏者則要推測聽眾猜對歌名的機率有多高。實驗團隊用這種方式，反覆測試了好幾首歌。

演奏者的期待值和聽眾的正確度，究竟會有多少差異？根據資料分析結果顯示，演奏者認為聽眾聽了自己的手指演奏之後，猜對歌名的機率最低是50％。然而，聽眾猜對歌名的機率，實際上只有2.5％。這結果真的很荒唐對吧？是演奏者的手指演奏有問題嗎？

現在，讓我們重現這個實驗。你擔任演奏者，用手指演奏《喔！韓國必勝》，然後悄悄閉上眼，專注聆聽自己演奏的曲子。你會聽見鼓聲，手指在該強調斷音時短促敲擊的感覺也十分鮮活。「喔～」部分會有個很強的斷音，後面的「韓國必～」溫柔婉轉，到了「～勝」的部分則又變得越來越強。你會發現，自己不知不覺間聳肩、雙手隨著曲調敲打著桌面，你是不是覺得這是一段夢幻的演奏呢？拍子、旋律、情感，全都完美演奏了出來。

現在，轉換一下立場，改當聽眾試試看。你不知道是什麼樂曲，但必須憑著對方只靠手指彈奏的聲音來猜歌名，不能聽歌詞、不能聽哼唱，你也聽不見鼓聲、聽不見鋼琴旋律。那些手指敲打的聲音，聽起來就像是毫無意義的聲響，即使對方用盡全身的力氣，身為聽眾的你耳朵裡聽到的，依然只有敲打書桌的「叩叩」聲而已。可是，演奏者卻會誤以為，自己腦海裡的夢幻演奏也完整傳達給別人了。

陷在自我框架中的我們，會相信我們把意思傳達得很正確、很客觀；殊不知，我們傳達的話語、註記、文字訊息和電子郵件，都是在自我的這個框架之下完成的。從別人的框架來看，很可能會覺得內容模糊不清。因為這種互不相通的情況，而產生的誤會與糾紛，就會使大家互相指責對方沒感情、沒能力、不貼心。

父母以「讓孩子接受好的教育」為由，要年幼的孩子學太過艱澀的內容，還責罵孩子為何這麼「簡單」的東西都不懂，卻忘記那些概念只有對大人來說才簡單。男女關係也不例外，男人不僅不會安慰氣了好幾個小時的女朋友，甚至還反過來因為「不過是開個玩笑，怎麼這麼小氣」而發火，完全不知道只有自己才把自己的行為解讀為玩笑。

我們雖然會要求別人要懂得「舉一反三」，可是其實當你說一，聽起來就只會是一罷了。

為什麼會相信「我的選擇是普羅大眾的選擇」

「我是依照我的方式來看這個世界，所以我相信，我的主觀經驗與客觀現實之間沒有任何差距」，這種傾向，在哲學與心理學中稱為「素樸實在論」（Naive Realism）。素樸實在論會讓大家相信「大家都會跟我做一樣的選擇」。

以下是美國史丹佛大學的李．羅斯教授研究團隊，在一九七〇年代末期進行的實驗。❷研究團隊問聚集在實驗室的大學生，能不能拿著上頭寫著「悔改吧」的板子，在校園裡繞一圈，觀察學生的反應。同時也告訴他們，如果不想這麼做，可以用其他實驗替代。有些學生同意這個實驗，有些學生則拒絕。這些學生表達自己參與實驗的意願之後，研究團隊請學生推測，在自己學校的學生當中，會有百分之幾的人回答YES，會有百分之幾的人回答NO。

資料分析結果顯示，願意的學生預測，史丹佛大學的學生中，會有64%的人和自己做相同的選擇。但不願意拿這個板子的人，則預測僅有23%的人會願意。研究結果告訴我們，大部分的人都會認為跟自己做相同選擇的人比較多。

同意拿「悔改吧」去觀察學生反應的人，是用以下的方式解讀整個情況：

「遇到認識的人，就告訴他們『只是實驗而已』就好，不需要覺得丟臉。」

「如果一定要參與實驗的話，那這種新的嘗試會比較值得。」

也就是說，他們認為拿著這個標語沒有太大的問題。

但不同意這麼做的學生，卻認為這個實驗既荒唐又無腦：

「竟然要拿這種標語！其他學生會怎麼看我？」

「又不是一定要拿著那種東西才能知道大家的反應，想也知道結果很明顯不是嗎？」

「反正只是為了學分做的實驗，誰要做這麼荒謬的冒險啊？」

最重要的是，兩方的學生都相信自己的想法才「正常」，因此也認為其他學生會有跟自己一樣的想法。同意拿著標語在校園裡走的學生，預期其他學生並不覺得這個行為很少見；不同意這麼做的學生，則推測其他學生也會認為這是一個不適當的舉動。

這種自我中心框架，使我們以自己的觀點來評斷他人，這種現象稱為「錯誤共識效應」（false consensus effect），也就是誤以為自己的意見、喜好、信念、行動，比實際上更加常見。陷入錯誤共識效應的我們必須知道，這個世界上，跟自己想法不同的人其實比想像中的要多。

圖像投射

由於自我中心的框架，所以大家有將自己的想像投射到他人身上的習慣。❸舉例來說，有些人在評價他人或定義對他人的第一印象時，經常從「有多聰明」的角度出發，不管遇到誰，都用「他很聰明」、「他看起來很有能力」、「他沒讀到好大學」、「他只有個性好」這種方式來評價對方；相反地，有些人則是用「好人」

（溫柔的人）來評價他人，像是「他人真的很好」、「他很溫柔」之類的。

根據心理學家保羅・勒維齊（Paul Lewicki）的研究，用能力來評價別人的人，也會將能力的好壞當成評價自己的首要標準。這種人在定義自己的時候，認為能力最重要，所以評價他人時也用了同樣的標準。相對的，在定義自己時認為「溫柔」很重要的人，也會用同樣的標準來看待別人。

仔細觀察一下身邊，會發現有些人在評價身邊的十個人時，對他們的評價標準通常差不多。重視錢的人，會用錢來評價那十個人；重視身材苗條與否的人，則會用身材來評價那十個人；沒有房子的人，會看著路過的行人想：「他好像有房子。」「公寓這麼多，為什麼我自己沒有一棟？」

結論是，觀察我們對他人的評價內容，更容易得知我們是怎樣的人。所以，如果有人經常說別人很愛抱怨、很愛挖苦別人，最好別離那個人太近，很有可能並不是他身邊的人都很愛抱怨、很愛挖苦別人，而是那個人本身就有這些習慣。相反地，會說自己住的地方還不錯、身邊的好人很多時，則可以多親近他，那個人無論跟誰在一起，都會看到對方的優點。古人說「狗嘴吐不出象牙」，這句話真的是再正確不過了。

腦中的自我中心

如果自己處在世界的中心，我們的大腦是否會有一塊特別的區域，只處理與「自己」有關的資訊？如果有一個「自己中心」，對其他資訊不會產生反應，在「自己」出現的時候則會有反應，那麼就能確定，我們在觀看這個世界時，確實是以自我為中心出發的。

試著在你的電腦螢幕上秀出下面這個單字。

Polite（有禮貌）

然後從下列四個問題中，選一個來問自己：

①這個單字足以表現你嗎？

②這個單字足以表現歐巴馬前總統嗎？

③這個單字有用大寫嗎？

④這個單字和Rude（無禮的）是同義詞嗎？

同意的話，就按下鍵盤上的P，不同意的話就按Q。假設我們用好幾個形容詞來抽換，不斷重複問這個問題，過了一段時間之後，再來突襲檢驗一下受試者的記憶。如果你記得前面看過的所有單字，那麼，你會記得的單字，是否和上述四個條件有關？如果有關，那麼你對哪個問題的印象最深刻呢？

第四個問題是問單字的意思，所以要思考單字本身的意思。第一跟第二個問題雖然是跟意思有關的問題，但問第一題的時候要想到「自己」，問第二題時要想的則是「他人」。第三題是屬於物理層面的問題。除了第三題，其他都是思考單字意義的問題。

這個實驗反覆進行的結果，發現被問到第一個問題的人，對單字印象最深刻。即使是同樣的單字，一想到「和自己」有關的話，印象就會更深刻。相較於問「哲秀正直嗎、哲秀有禮貌嗎、哲秀有創意嗎」，如果是問說「我正直嗎、我有禮貌嗎、我有創意嗎」，會更有助於記憶，原因在於這凸顯了「自己」有一些特別之處。無論是什麼，只要和自己有關，就會記得特別清楚，這種現象叫做「自我參照效果」（self-reference）。

假如在做這個實驗時，記錄你的腦部活動，會發生什麼事呢？我們發現一件驚人的事，那就是：任何單字與「自己」產生關聯時，大腦區域中的內側前額葉皮質這個部位就會活躍。❹

即使是相同的單字，如果單字的意義是和他人連結在一起，或者受試者思考的並非該單字的意義，而是單字本身的物理特性，那麼內前額葉皮質不會這麼活躍。只有想到這個單字是在描述自己時，這個部位才會活躍起來，這也暗示我們這個部位是某種意義上的「自己中心」。可見在我們的大腦中，「自己」這個字也占據了很特別的地位。

心裡的監視器：聚光燈效應

《魔法奇兵》這部電影，一九九二年被美國翻拍成同名影集，受到全球歡迎，當時韓國也播出了這部作品。劇中，金髮美女巴菲對獨臂的吸血鬼艾密林說了這樣的話：

「我是無所謂，但你今天真的很倒楣。」

（I'm fine but you're obviously having a bad hair day.）

Bad hair day 的字面意思是「髮型很糟的日子」，引申成「雪上加霜，沒有一件事情順利，超級倒楣」的意思。雖然不知道這個片語是從什麼時候開始有人使用，但確實是因為巴菲的台詞而廣為人知。比起用在髮型真的很糟的日子，我們更常使用的時機，是在別人覺得是個 fine hair day，但當事人卻一邊摸自己的頭髮，一邊做出無可奈何的表情時。

早上發現洗髮精用完，只好用肥皂洗頭再去上班，其實身邊的人都沒發現，自己卻因為是個 bad hair day 而難掩生氣，這真的是此地無銀三百兩。別人根本不關心你是用洗髮精洗頭、用肥皂洗頭、還是沒有洗頭，但是，那一天卻會有種「大家都在看我頭髮」的錯覺，自己認定用肥皂代替洗髮精很容易被發現。

這種情況不只出現在頭髮上。每天上班前，上班族最大的煩惱就是「今天要穿什麼」。衣櫃裡有一大堆衣服，卻沒有一件能穿出去，讓人感到尷尬。因為覺得如果連續幾天都穿同樣的衣服，別人很快就會發現，結果即使買了新衣服也穿不久，儘管衣櫃塞得滿滿的，一到早上又會覺得沒衣服可穿。

這種錯覺源於名叫「聚光燈效應」（spotlight effect）的心理現象。站上台表演的舞台劇主角，頭上總是會有聚光燈照著，那顆燈會隨著主角的動作移動，令觀眾可以仔細觀察主角的舉手投足與情緒流動。主角穿了什麼衣服、什麼鞋子，用怎樣的表情說了什麼台詞，都毫無保留地呈現在觀眾眼前。因此，那些被聚光燈追著跑的明星，身後總是有名為「造型師」的人跟著。明星會對外表特別在意，也是理所當然的事。

我們不是舞台劇的主角，但大家還是會誤以為自己跟明星一樣受到關注，超乎常理地在乎他人的視線。

康乃爾大學的湯瑪斯．季洛維奇（Thomas Gilovich）教授，曾跟研究生一起進行實驗，證明了「聚光燈效應」。❺四十歲以上的人，應該都記得一位美國歌手叫做巴瑞．曼尼洛。尤其他跟奧莉維亞．紐頓強合唱的《這不是真的》（*This Can't Be Real*）這首歌，每個人應該至少聽過一次。雖然他沒能受到樂評家的青睞，他的唱片卻在全球銷售超過七千萬張，還親自製作、演唱電視廣告歌曲。不過，因為他沒有獲得年輕大學生的喜愛，所以穿著印有曼尼洛肖像的T恤出門，在學生之間可能是件丟臉的事。

季洛維奇教授在這個實驗中，讓一位學生穿上曼尼洛的T恤，走進有四到六位學生等待的實驗室裡待一陣子，然後讓穿著T恤的學生猜，實驗室裡有幾個人發現他穿著曼尼洛的T恤。同時，他也問實驗室裡的學生，剛才那個學生穿了什麼T恤走進來。結果是，穿T恤的學生認為實驗室裡約有46%的學生看到了，但實際上，只有23%學生答出他穿著曼尼洛的T恤。

後續的實驗中，則讓學生穿上印有搞笑藝人肖像的T恤，做相同的事。結果也一樣，其實只有8%的學生記得別人穿了什麼，穿著那件T恤的學生，卻認為有48%的人會猜對自己穿的衣服。

雖然我們有時會想「穿這種衣服怎麼能去那種場合」、「這雙鞋子跟衣服不搭」，不過這大多是過度擔心，人們也不會發現。舉例來說，像是襪子的設計或鞋頭的角度，就真的可以不用太在意。

我們認為別人都在注意我們，但真正看著我們的不是別人，而是自己。我們在心裡設置了一台監視器，一直監視著自己，卻誤以為是別人在看我們。現在，該把那台監視器關掉了。如果能在世界中心靜靜放下自我，就不用像現在這樣，一天到晚把時間浪費在小事上。

你不懂我，我卻了解你

自我框架太過強烈的話，會產生「我雖然很懂你，但你卻一點都不懂我」的錯覺。這樣的人會一直覺得「我很客觀、不帶偏見地看著他人，其他人卻無法客觀看待我」，相信自己一直被別人誤解、被別人扭曲，可是「自己卻非常了解對方」。

這種誤會，甚至會擴大到整個團體。當從個人擴大到集團之後，便會引發一種錯覺：我們集團、我們民族的形象，被其他集團、其他民族給扭曲了，但我們卻非常了解對方。我們經常憤怒地認為「日本人不懂我們韓國人」、「碧姬芭杜是有多了解我們的文化，居然說我們是野蠻人」，卻絲毫不認為自己對其他人的文化有很多誤解。

為了更深入了解「我很了解你，但你卻不了解我」這種想法的根源，我們的團隊做了下面這個研究[6]：我們問了參與研究者兩個問題，第一個問題是，如果給你十次機會，跟一個素昧平生的人見面，你覺得見到第幾次的時候，可以準確地掌握對方的個性？另一個問題則是，對方要跟你見幾次面，才有可能準確掌握你的個性？這兩個問題的前提都是雙方第一次見面，對彼此完全不了解。

回答的分析結果顯示，大家認為，自己了解對方所需的時間，比對方了解自己所需的時間要少得多。

換句話說就是：「從我的立場來看，別人是很容易就能掌握的『單純的存在』，但我自己卻不是任何人都能輕易掌握，是必須要花很多時間，才可能完全理解的『複雜的存在』。」我們都有這樣的想法：我一眼就能看透你，你卻無法一眼看透我。如果有人只花五分鐘判斷你是怎樣的一個人，你肯定會氣得七竅生煙；但你卻很有信心，自己可以在五分鐘內充分掌握對方的為人。

我們相信別人總是表現出自己真實的一面，所以只看外顯的幾個特徵，就認為自己可以了解對方。外表、髮型、穿著打扮、聲音大小、筆跡、喜歡的顏色、常聽的音樂……我們相信，只要有這些線索，就能充分了解一個人。遇到字很小的人，會推測他的個性畏首畏尾，甚至還有人提出像這種荒唐的主張：看對方吃泡麵時是先吃麵還是先喝湯，就可以得知對方的性格。

如果情人對你說「你是B型，不太適合當我的結婚對象」，你會怎麼想？如果有人說「你太謹慎了」，你問對方為何這麼說，對方卻回答「因為你字寫得太小」，你會有甚麼感覺？如果上司只因為你閒適地坐著聽情歌，就再也不交付需要創意的事情給你呢？假如你遇到上述這些情況，肯定會超級無言，認為自己沒有獲得正確的評價。你或許會想：「竟敢用這種理由，隨便評論我是怎樣的人！」

所以，我們還是不要誤會了。「雖然我了解你，但你卻不了解我」這種想法，不過是自我中心創造出來的錯覺跟迷思。真正的答案是「我不了解你，你也不了解我」，或是「我了解你的程度，就跟你了解我的程度差不多」。

不要拿「耶穌也沒有被家鄉的人認同」這種例子來當擋箭牌，宣稱「自己被誤解」了。畢竟，覺得「自己很了解別人」才是更大的誤會。

我活著的理由，你活著的理由

如果有人問你外不外向，最常出現的答案是「看情況」。跟好朋友在一起的時候就很聒噪，在不熟的人面前會變得非常安靜，這樣的自己實在很難用一句話簡單描述。不過，如果是問你某人外不外向，大部分的人都會很有自信地說出「唯一的答案」，明確地回答那個人是外向還是內向。

其他人的行為舉止，可以用對方的個性、原則等抽象的元素來說明，唯獨我們自己的行為卻是用「情況」來說明。❼

你沒有遵守時間是因為你不負責任，我遲到是因為塞車；你忘記我的生日，是因為愛已經冷卻，我忘記你的生日只是一時疏忽；「你原本就是這樣的人」，所以會犯那樣的錯，「我因為某些原因」，所以才犯這樣的錯；你心裡真的是這樣想，所以才會毫不猶豫地說出那麼過分的話，我只是不小心說錯話而已……我們總是會用上述這種方式，來合理化自己的行為。

這樣判斷他人的行為，會導致人際關係出現嚴重的誤會。因為，比起先考慮對方不得不這麼做的原因，我們會更快產生「原來你是這種人」的想法。

真正的智慧是養成一種習慣：我會用什麼樣的方式來說明自己的行為，就用相同的方式來解釋對方的行為。

讀完第四章

心理學家將「自己」稱為「獨裁政權」。就像要控管並干涉國民閱讀、說話的獨裁政權，「自己」會單方面決定我們觀看這個世界的方式。擺脫這種自我中心的瞬間，人生在各方面都會產生驚人的改變。

《生命的心流》（*Finding Flow*）的作者齊克森米哈里（Mihaly Csikszentmihalyi）將一個人投入一件事情之後的忘我狀態，稱為「心流」，並主張投入的狀態會帶來幸福與成就感。

精神病理學家指出，容易「把身邊發生的每件事都和自己扯上關係」的傾向，是危害精神健康的主要原因之一。許多心理學研究告訴我們，太過在乎「自己」，就會經常拿自己與他人比較，最後導致我們喪失幸福感。

我們無法遮掩自己觀看這個世界的交流窗口，智慧卻能夠讓我們在「自我中心」創造的限制之下，變得更加謙遜。

Chapter

05

是人，

還是情況？

觀察人類行為的新框架

我們要更常用平均的框架來看這個世界。

如果想這麼做，就必須要認同例外與偶然。

雖然地球是圓的，但這個世界卻不是一個圓滑的球面。

即便如此，我們依然稱地球為「球」，這就是運用了平均的概念。

即使地表上有許多凹凸不平的部分，但平均來看地球是圓的。

我們看人的方式，也必須要這樣。

行為的原因，是人，還是情況造成的？

「艾希曼！你和你上司所做的行為，宛如你們有權決定誰擁有活在這世上的權利、誰不應享有這種權利。所以，你們才會訂下猶太人與其他民族不能共同生活的政策。現在，我們任何一個人——生活在世界上的每一個人類，都不能和你共存於世。以此為由，判處你絞刑。」

這是德裔猶太政治學者漢娜．鄂蘭（Hannah Arendt）著作中的最後一段話，她參與希特勒的親信——阿道夫．艾希曼（Otto Adolf Eichmann, 1906-1962）接受的世紀審判。

鄂蘭是一位受到納粹迫害的猶太人，她因此逃往美國。我們可以預期，這本書寫滿了她對艾希曼的憤怒，而且會受到猶太人極大的歡迎。諷刺的是，鄂蘭的書卻引發猶太人的憤怒，並遭受批判，甚至讓原本跟她私交甚篤的人，宣布從此不再和她來往。為什麼會這樣？

原因可以從這本書的副標題找到。

艾希曼耶路撒冷大審紀實：平庸的邪惡

（Eichmann in Jerusalem: A Report on the Banality of Evil）

這本書所記錄的，是鄂蘭以雜誌《紐約客》記者身分，採訪艾希曼審判的結果，書的副標題寫了Banality of Evil，讓我們能一窺鄂蘭所引發的爭議。Banal這個單字，指的是「平凡的、常見的」，因此Banality of Evil可翻譯為「平庸的邪惡」。

在描述納粹的反人類罪行時，大家往往會以「少數的惡人、少數的精神病患者犯下的罪行」這種框架看待。我們面對納粹屠殺罪行時，想要相信的說法是，這並不是一般人會犯下的平凡之惡，而是只有極少數惡人才會犯下的不正常之惡。

然而，鄂蘭的書卻挑戰了這個邏輯。鄂蘭並沒有將屠殺猶太人的艾希曼刻畫成一個精神病患或怪物，而是我們身邊常見的普通人。鄂蘭認為，艾希曼不是那種宛如頭上長惡魔角的反社會人格者，而是被賦予了什麼工作都會毫不懷疑加以執行的匹夫；所謂的惡，不只是存在於少數的惡人身上，更可能存在於每一個平凡人身上。這是身為猶太人絕對不可能接受的主張。

究竟，惡是只存在於極少數惡人身上，還是廣泛地存在於我們周遭？一個人對這個問題的回答，會反映出他對人類的行為抱持著怎樣的框架。如果認為人類的行為是反映「內心的狀態」，就會認為納粹的惡行是少數惡人犯下的罪。不過，如果認為行為來自「當下的狀況」，就能夠接受艾希曼的行為在當下是任誰都不得不做的行為。

是人，還是狀況？根據我們對這個議題所抱持的框架，便會影響到我們的行為。

是要怪罪不回覆簡訊的人，還是試著努力理解對方當時的狀況？對犯罪者要處以重刑，還是要以情況做為考量？這些問題，都取決於「人為框架」與「狀況框架」之間的選擇。

過去數十年來，社會心理學研究所告訴我們的事實是，一般人會以「人為框架」來看這個世界。一般人被「人為框架」所支配，認為有些人之所以做出善舉，是因為他很善良；做壞事的原因，則是那個人很邪惡。令人驚訝的是，「人為框架總是正確」的科學證據比想像中要少得多，反而有比較多證據支持「狀況框架」，也就是人類的行為會因當時所處的環境而改變。

從「人為框架」到「狀況框架」的改變，就像從天動說轉變為地動說一樣，是一種創新的想法。日常生活中，沒有什麼讓我們足以相信地動說的證據，如果不在課堂上學習，我們就不知道該怎麼接受這樣的事實：既然地球轉得這麼快，那我們要怎麼毫髮無傷地站在原地，完全不摔倒呢？如果不是科學這樣告訴我們，至今我們還很難只靠自己的經驗，理解地球正在自轉的現實。

相同的道理，「邪惡的並不是人，那些行為是因為狀況而引發的」，這件事實也很難只靠日常生活的經驗來理解。如果當下的狀況才是原因，那麼在某些情況中，每個人都一定會犯下惡行，在另外的情況下，則是每個人都一定會做出善舉。

但我們身邊做出邪惡舉動的人是少數，行善的人也不算多，所以「因為他是那種人才做出那種事」的人為框架，自然更具說服力。

就好比雖然我們的經驗支持天動說，科學研究卻顯示地動說才是事實，我們的經驗支持人為框架，卻必須相信有科學研究支持的狀況框架。如果不考慮狀況，堅守著人為框架的話，在人際關係中就會不斷產生誤會，最後會讓我們用不正確的目光來看待這個世界。

用平均值觀看世界的框架

在討論「是人，還是狀況」的問題之前，有一個我想先提的問題。

如果當下的狀況才是原因，那麼在某些情況中，每個人都一定會犯下惡行，在另外的情況下，則是每個人都一定會做出善舉。但我們身邊做出邪惡舉動的人是少數，行善的人也不算多，所以「因爲他是那種人才做出那種事」的人爲框架，自然更具說服力。

這段話真的妥當嗎？

其實並不全然是這樣。因為，科學是用平均值來解釋這個世界，科學上也承認有例外的存在。所以，即使是標榜科學的心理學，也不會認為「每個人都適用」的法則很重要。心理學尋找的是，即使有部分例外，依然符合多數人情況的法則。可是，一般人想用不承認有任何例外的框架來看世界，因此一旦發現例外，就不願相信規則。

科學認為，抽菸會增加罹患肺癌的機率，但並沒有認為所有吸菸者都會罹患肺癌。有些老菸槍能夠安享天年，但有些從來不抽菸的人卻會罹患肺癌。科學認為，男性的空間概念比女性好，卻不認為所有男性的空間概念都比女性好。相同地，即使狀況是影響行為的主要原因，也不代表在任何情況下，每個人都會做出相同的行為。我們必須了解，這點就代表人為框架更具說服力。

我們必須用更加平衡的觀點來看這個世界，為此，我們必須認同例外與偶然。例外與偶然來自於機率與統計，也是讓今日的科學得以運作的核心元素。要是完全不認同任何偶然與例外，就想說明一切的事物，就不容易發現規律。

雖然我們說地球是圓的，可是實際上地表有山、有溪谷，並不是一個光滑的球狀。即便如此，我們依然稱地球為「球」，就是因為平均的概念。雖然有凹凸不平的部分，但平均來看，地球是圓的。我們看人也必須用這種方式。

行為的原因來自外界

一九六四年三月二十七日，《紐約時報》刊登了一則標題非常驚悚的報導。

三十八人目擊殺人案，無人報警。

事件內容如下：一位叫做凱蒂．吉諾維斯（Kitty Genovese）的女性深夜結束工作後返家，途中遭到搶劫。居民被她的尖叫聲吵醒，探頭到窗外看發生什麼事。雖然犯人因為嚇到而逃跑，卻沒有人出面幫助她，警察也沒來，於是犯人回到現場再次攻擊吉諾維斯，最後吉諾維斯遭到殺害。

該報導惋惜竟沒有任何人報警，也感嘆現代社會使人變得冷漠。或許，如果我們的社會上發生同樣的事情，也會有類似的分析出現。當時，有幾名心理學家以完全不同的框架來分析這個事件。

心理學家關注的地方，並不是目擊者喪失人性，而是「目擊者很多」這個情況。目擊者很多這一點，代表居民意識到並不是只有自己目擊這件事，其他人也在觀看這件事發生。就是這一點——「除了我之外，還有很多人在看」，這會妨礙大家伸出援手。如果目擊者只有自己一個人，那就會立刻報警，但他們認為其他人已經報警了，哪怕發生可怕的事情，也不是我一個人的責任，需要承擔的責任會分擔到好幾個人身上。

如果獨自目擊那個場景卻沒有報警，就必須負起所有道德責任。因此，這聽起來雖然很弔詭，可是在危急狀況下，目擊者越多，有人願意介入、伸出援手的可能性反而越低，這叫做「旁觀者效應」（The Bystander Effect）。

二〇一四年，一本揭露該事件部分事實遭扭曲的書在美國出版。根據一位名叫凱文．庫克（Kevin Cook）的記者所寫的書《凱蒂．吉諾維斯》（*Kitty Genovese: The Murder, the Bystanders, the Crime that Changed America*），當時的新聞報導，並沒有確認事件中的重要事實。

舉例來說，報導雖然提及「現場有三十八名目擊者」，實際上至少有四十九名目擊者。報導稱「沒有任何一人伸出援手」，實際上確實有人嘗試幫助凱蒂。因此，《紐約時報》這篇報導指責三十八名目擊者，甚至是他們所居住的社區、以至整個紐約都喪失人性，這其實只是無能的警察與危言聳聽的記者塑造出來的狀況。警察或輿論都認為「這是現代社會所造成的道德淪喪」，想要創造出符合大眾口味的故事。

先不論事實是否被扭曲，這個事件引發的一連串後續探討，依然讓我們得知「狀況的重要性」。庫克的新書也提及了旁觀者效應，像是目擊凱蒂遇襲的人並未立即報警，反而互相推卸責任，導致錯過黃金時機，最後錯過了可以拯救凱蒂的時間。

只用凱蒂．吉諾維斯的事件，還不太足以強調狀況框架的重要性，所以我們再來看看相關研究。

白煙的悲劇

美國哥倫比亞大學曾進行一個有趣的研究。❶在受試者寫考卷的時候，實驗人員為了公務離開實驗室。受試者寫考卷寫到一半，實驗室角落會突然開始冒起白煙（當然，這是設計好的），大白天大學實驗室裡冒出不明的煙霧，這件事並不常見，一定是出了什麼問題。研究人員關心的是「受試者會多快將這個情況告訴實驗者，並採取相應的措施」。為了驗證「人越多，在危急狀況下採取行動的可能性越低」這個說法，在這個實驗中，每次參加考試的人數都不一樣，有些人是自己一個人，有些則是和其他兩個人一起寫考卷。

結果和假設相符，人越多，受試者告訴實驗人員發生危險的機率就越低。一個人的時候，有75%的人會向實驗人員報告這個狀況，但跟另外兩位受試者一起時，只有38%的受試者會報告，甚至即便煙霧大到遮蔽視線、令人流淚，人都還是坐在位置上不動。大白天的，在知名大學實驗室裡竄出白煙，所有人卻還是認為「現場的大家都沒動，那應該沒什麼吧」，也會看著彼此，想說「可能是實驗室裡偶爾會發生的狀況」。他們並不是缺乏守法的思維，也不是安全意識較薄弱，而是因為狀況不同──「跟其他人一起面對危急狀況」，就是這個狀況的變數，導致人們在面臨危急狀況時感到猶豫。

影響人類行為的並不是本性，而是狀況。了解這件事為什麼很重要？為了回答這個問題，我們需要回到二〇〇三年二月十八日。

那天早上，我在學校體育館運動。當時，體育館的電視開始播報緊急新聞，是大邱地鐵發生火災的快報。起初應該只是普通火災，但隨著時間流逝，火災卻成了可怕的災難，最後造成一百九十二人死亡、一百四十八人受傷。令全體國民感到哀痛欲絕的，不只是大量的死亡人數，更是那些罹難者留下悽慘、迫切的電話錄音與簡訊。讓筆者更難過的是，記錄當時地鐵內部狀況的照片。這些照片，令人大受衝擊。

那張照片顯示，就算車廂內已經充斥煙霧，人們看起來仍不為所動。如果他們能感知到危險，盡速離開車廂，犧牲的人數就會大幅下降。這張令人驚訝的照片，與前面提及的哥倫比亞大學實驗十分類似。

如果車廂內幾乎沒人，那車內的人看見煙霧，也許就會立即採取行動了。但就是因為看見大多數人若無其事地坐在原位，所以大家很可能產生「看起來不是很嚴重」的想法，即便內心覺得不安、覺得奇怪，可是看著身邊的人都毫無動靜，就會覺得放心。車廂裡的人可能面面相覷，同樣想著「地鐵裡應該偶爾會發生這種事吧」、「不用出去」，沒有想到應該要立即離開車廂。

當然，大邱地鐵火災慘案必須從各個層面來分析。事先準備好安全對策、駕駛人員的道德倫理意識、建立火災預防體系等，各方面的對策都必須跟上。然而，人一多，我們對危機的認知就會比較遲鈍，這種心理機制卻沒有人能夠深入討論。如果可以確實了解狀況對人類行為帶來的影響力，是否就能減輕災害造成的損失？基於這樣的想法，我至今只要一想到大邱地鐵慘案，仍然感到惋惜。要是能知道自己和多數人在一起，危機意識就會降低，那麼大家和別人在一起時，就會更有意識地維護自身安全，這也是我們必須具備「狀況框架」的原因。

群眾的力量

美國密西根大學有個在學生之間傳承已久的年度例行活動，稱做 Nude Mile 或 Naked Mile，在每年最後一個上課日的晚上十二點，學生會脫光衣服跑一英里。這是自發性的活動，不是義務參加。這原本只是一個小活動，是冰上曲棍球隊選手為了紀念畢業而發起的，但隨著每年舉辦，逐漸成為學校的傳統。第一次參觀這個活動的我，難掩對其規模之大的驚訝。無論美國再怎麼自由奔放、大學再怎麼不受拘束，參加裸奔活動的學生真是多得誇張，他們為什麼能這樣做呢？

那就是「群眾」這個狀況帶來的力量。這些學生如果是獨自一人，絕對不敢脫衣服在校園裡裸奔。不過，正是因為和別人成群結隊，人會產生「自己好像變成透明人」的心理狀態，覺得別人看不見自己了，所以會做平時克制住的行為，甚至是一些違反倫理道德的事情。在群眾當中的個人，就會產生這樣的心理狀態。

群眾這個狀況極端地改變了人的行為，這樣的現象不僅發生在大學校園當中。

一九六四年六月八日，《紐約時報》刊載了一篇值得深思的新聞。根據新聞描述，一位出生在波多黎各的男性企圖跳樓自殺，情況雖十分緊急，卻有約五百名群眾圍觀。理應要擔心他、勸他回頭的群眾，反而大喊「跳啊」。

二〇〇七年一月四日，韓國《聯合新聞》刊載了下面這篇報導：

四日，《天府早報》報導，本月二日在中國四川省成都市市中心，吳姓女子和男朋友吵架之後心情低落，坐在一間飯店六樓的窗户邊，企圖自殺，當時圍觀的群眾大喊「快跳啊」。圍觀者包圍了自殺現場，對吳姓女子大聲喊叫，以手機拍攝照片、呼朋引伴，甚至有部分群眾在對面大樓唱歌，最後，吳姓女子僵持五小時後終於被說服放棄自殺，圍觀群眾還因此揶揄了她一番。網友看到這則新聞表示「眞是道德淪喪」、「好像看到魯迅寫的『麻木的中國人』」，砲火猛烈地批判這些圍觀群眾。

有人爬上高樓或橋企圖自殺時，圍觀的人一多，假如形成大規模群眾，人的行為就會改變。落單時看到有人企圖自殺會擔心的人，這時候會變得像高聲吼叫的野獸，要企圖自殺者「快跳」。一九六四年六月八日，在現場的難道是紐約最沒有人性、最冷血的人嗎？在中國成都，人性扭曲到極點的人為何偏偏選在同一天，全部聚集在那間飯店門前呢？真的像中國網友所說的一樣，是道德淪喪嗎？

耶魯大學的曼恩（Mann）教授，發現這些事情不斷反覆發生，這樣的現象與其說是源自人的本性，更應該說是成群結隊的狀況所致，他將這樣的群眾稱為「激怒群眾」（baiting crowd）❷；當個體身處在群眾當中，體驗到的自我失蹤現象，則稱為「去個體化」（deindividuation）。就如字面上的意思，個體本身消失在群眾這片巨大的海洋當中。在這樣的情況下，責怪一個人的內在不夠良善是不正確的，也不應使用道德淪喪這種過度解讀的言詞，而是要更注意這個行為發生當下的狀況。

群眾的力量凌駕個人內在力量的現象，不僅出現在成人身上。

萬聖節時，孩子們會聚集到左鄰右舍的家，高喊「不給糖就搗蛋」（treat or

trick），藉此獲得糖果當禮物。有一個針對萬聖節所做的實驗，實驗內容是屋主會事先準備好一大桶糖果，告訴孩子一個人「只能拿一個」，然後故意走進屋內❸，透過隱藏式監視攝影機觀察孩子是否真的只拿一個，還是會多拿。令人驚訝的是，如果孩子落單，就會聽屋主的話只拿一個，但如果是成群結隊的孩子，就會違反屋主所說的話，拿走兩個以上的糖果。身邊有很多其他小孩時，孩子會做出不對的行為。這代表孩子的本性很壞嗎？不，是成群結隊的這個狀況，極端地改變了孩子的作為。

他人，最有魅力的解答

跟狀況力量有關的最知名研究，是一九五一年，美國史瓦茲摩爾學院在校園裡

阿希的線段實驗

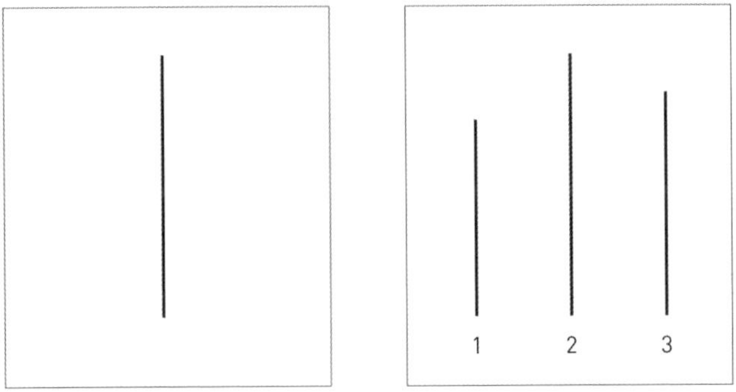

標準線　　比較線

進行的研究。❹心理學家所羅門．阿希所帶領的研究團隊，將八位男學生組成一組，其中真正的受試者只有一位，剩下七位全是來幫助實驗進行的協助者，當然，真正的受試者並不知道這件事。他們要做的事情，就是從右邊的卡片上，選出跟左邊卡片上所畫的線長度一致的線，對名門學校史瓦茲摩爾學院的學生來說，這再簡單不過了。

七位協助者每次都會先擬好劇本，決定這次該選哪條線當正確答案。在第二次實驗時，所有人都選擇了正確答案。從第三次開始，他們會故意把錯誤的答案當成正確答案，舉例來說，即使正確答案是

2，七位協助者會選擇1才是正確答案。在這個實驗中，最重要的地方就是座位的安排。真正的受試者會盡量被安排坐在最後面，所以他能清楚看見前面七位協助者都選了錯誤的答案。後來，他們又用不同長度的線，進行了十五次相同的實驗。其中在第十一次實驗當中，所有協助者都一致選擇了錯誤的答案。

也就是說，包括前三次實驗在內，總共做了十八次實驗，真正的受試者在十二次正式實驗中，必須做出抉擇：是要選自己眼睛看見的正確答案，還是要選其他人共同選擇的、明顯錯誤的答案。

判斷線段長度這件事情如果真的很困難，當自己的感覺和大眾不同時，遵循大眾的選擇是很合理的行為。但是，阿希的實驗完全不是這樣。為了更凸顯這個情形，阿希設計了只有一位受試者參與實驗的對照組，在這個對照組當中，不存在群眾的壓力，受試者可以自己找出長度相同的線段，結果選擇正確答案的比例提高到99%，這也代表一般人可以輕鬆看出哪一條線才是正確答案。

在有七位協助者的實驗條件下，阿希發現的研究結果如下頁圖表。

圖表中最上面的線是前面說過的對照組結果，答對率幾乎是百分之百。最下面

阿希實驗的結果圖表

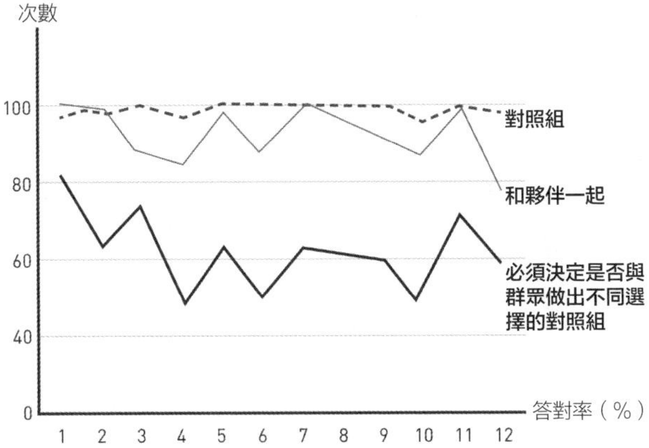

的線則是控制組的結果。總共十二次面臨抉擇的狀況當中，第一次（實際上是第三次）有80％的受試者會選擇正確答案，但隨著實驗次數增加，答對的機率就會降低，最後停留在約60％的位置。換句話說，每一次實驗，就會有約40％的受試者放棄顯而易見的正確答案，跟隨多數人的錯誤選擇。

個人的差異也很明顯。有25％的人從來不曾隨波逐流，十二次都選擇正確答案。反過來看，這就代表著至少會有一次追隨大眾意見的人高達75％。那麼，每一次都追隨大眾，毫無個人想法的人會有多少呢？是5％。這個數字告訴我們，人類並不是會毫無例外地屈服於群眾，只有極少數軟弱的人才會；不過，多數人「偶爾」會放棄自己的信念，配合大眾的想法。

後來阿希的實驗又以各種不同的形式進行，其中幾個實驗案例可以更清楚幫助我們了解「狀況」的威力。

同一張圖表中間，有條叫做「和夥伴一起」的線，意味著在相同的實驗條件下，從協助者當中選擇一人，幫助受試者不要隨波逐流，選出正確答案。簡言之，就是讓受試者有一位「站在自己這邊」的同伴。驚人的結果出現了，正確答案的機率恢復到近百分之百，這代表一個夥伴就能讓受試者有了堅定自己信念的力量。我們之所以無法堅定信念的原因，不是因為我們是天生的膽小鬼或太過謹慎，而是因為身邊沒有「那個支持的人」。雖然，人類在沒有任何夥伴的狀態下，說不定也可以堅守自己的信念（請記得，原本的實驗中有25%的人堅持自己的選擇），但那並不容易。不過，只要至少有一個同伴，人類就會變得堅強。讓我們堅強的力量，是源自於「我身邊有一個同伴」這樣的狀況。

驚人的不只如此。在另一個變形的實驗當中，也讓受試者擁有夥伴，這個人雖然不會幫助受試者選擇正確答案，卻也不是跟隨大眾選擇的錯誤答案，而是會選另外一個不同的錯誤答案，相當於在實驗當中選擇3號線段的人。這個實驗讓受試者擁有一個特殊的「夥伴」：雖然他的意見跟我不同，也跟大眾不同，卻跟我站在一起。結果一模一樣！

如果我們只用人為框架來看世界，那麼偶爾會追隨大眾意見的普通人，就會受到非必要的指責。我們可以藉著找出願意堅持自我信念的人，來改善這些狀況。更好的解決方案是，為了保持群體的多樣性，我們都必須具備各自的信念。唯有在以狀況框架看世界時，這才有可能達成。

集團的多樣性，保障了不同的個性、培養了個人的信念。歷史上，有許多過度追求文化同質性的社會，經歷了藝術上、知識上的停滯，尤其是刻意抵抗來自外界影響，只想保持同質性的社會。創意研究領域大師西蒙森（Simonson）曾發表一篇論文，依照世代的區隔，來分析日本社會的知識、藝術喜好，根據這篇論文，與外界接觸越多的世代，日本社會的創意成就水準越高。❺提升日本社會創意的因素，並不只是日本傳統的內在創意，而是來自外界的思想、前往外界旅行、來自外界的移民，帶動整個社會的開放。這讓我們了解，狀況的力量確實能大於個人的力量。

服從權威的危險

將「人為框架」和「狀況框架」的對決升級到最極致的研究，是史丹利．米爾格蘭（Stanley Milgram）知名的服從研究。❻前面介紹的阿希實驗，缺點在於實驗的情況和現實世界有一段差距。在判斷線段長度的題目當中，遵循多數意見並不會對任何人造成實質上的危害，頂多會讓自己的心情受傷而已，要是不堅持信念也不至於傷害他人。有人認為，這種不堅持己見、隨波逐流的行為，假如會對他人造成傷害，實驗結果就會不同。提出這個想法的人，正是耶魯大學的史丹利．米爾格蘭。

他設計的實驗狀況大致如下：首先，他在地區報紙上刊登了招募實驗參與者的廣告，內容是「不限職業，參加實驗即可獲得四．五美元的酬勞」，並附註「研究目的是了解人在學習新事物時，施加懲罰是否有效」。

他告訴來參與實驗的人，在這個實驗當中需要兩個人，一是學習的學生，二是依照學習成果施予懲罰的老師。來參與實驗的人要抽籤決定誰當學生，另一個人則當老師。實驗人員告訴扮演學生的人，他必須背下紙上一連串兩兩成對的單字；另外告訴扮演老師的人，學生背完之後，就進行找出成對單字的考試，每錯一題就要電擊學生以示懲罰。

這跟阿希的實驗一樣，有些部分是事先設計好的。來參與實驗的兩人當中，其中一人已經事先和實驗人員串通，刻意讓他總是扮演學生，因此真正的受試者會一直扮演老師。扮演學生的人一開始會答對，後面則會故意答錯，電擊從十五伏特開始，每錯一次就會增加十五伏特，最後增加到四百五十伏特。為了增加真實感，扮演學生的人偶爾會高喊要立刻放棄這個實驗，偶爾則會哀號說身體很不舒服（像是發出呻吟聲），電擊超過一定的程度時，則會不再發出聲音。要是沒有在規定時間內回答出來，就相當於答錯，當學生看起來沒有任何反應，老師也只能持續增加電流的強度。

若遵循他人意見（在這個情況下是實驗人員的指示），明顯會造成他人危害，當事人還會服從嗎？或是會堅持己見呢？扮演老師的人當中，有百分之幾的人會真的把電流提高到最後的四百五十伏特？這個問題就是米爾格蘭研究的起點。

如果我們用的是人為框架，那麼可以預期，只有極少數「不正常的」人會把電流增加到四百五十伏特。要是請真正對人最有研究的精神科醫生來預測，他們認為只有0.1％的人會將電流增加到四百五十伏特。身為擅於區分人「正常」或「不正常」的精神科醫生，自然而然地使用了人為框架來看待這個情況。

實際上，有將近67％的人將電流增加到最強。這個實驗讓我們明白，即使是非常平凡的人，在權威者的命令之下，也會做出對他人有害的行為。當然，扮演老師的人在做這件事時，並不是抱著毫不痛苦的喜悅心情，他們也會向實驗人員提出自己的疑問：「真的沒關係嗎？」「他這麼痛苦，這個實驗還要繼續嗎？」這時，實驗人員便會以具有威嚴的聲音，冷靜地重複「請繼續」、「除了繼續之外沒有別的選擇」、「這點程度的電流不會造成問題」等。研究團隊並沒有以手槍威脅他們，只是在看起來非常小的狀況壓力之下，就有將近三分之二的受試者將電流加大到四百五十伏特，這真是很令人驚訝的結果。

這個實驗發表之後，立即掀起爭論和疑惑。米爾格蘭自己也感到驚訝。此外，當時更是世人因納粹屠殺猶太人而感到無比震驚的時候，米爾格蘭的實驗大大打擊了眾人。大家想要相信只是少數惡人犯下屠殺猶太人的罪行，米爾格蘭的實驗卻讓世人看見完全相反的結果。

米爾格蘭的實驗並沒有就此結束，為了找出決定服從率的變數，又進行了二十幾次的實驗，但基本上結果都差不多。決定服從率的因素，通常是看起來很細微的狀況變數，而不是人為變數。舉例來說，下令的實驗人員有沒有在同一個房間，或者是否在其他空間以對講機下令等，會對服從率帶來比較大的影響。權威者如果不在眼前，大家就不會服從不正當的指令；扮演教師的受試者進行實驗時是否和學生身處同一個空間，也會對服從率帶來極大的影響。但是，扮演教師者的道德意識高不高、是男是女，就不太重要。在一個實驗當中，協助實驗者不是一人而是兩人，這兩人之間一旦出現意見對立，扮演教師者就比較不會施加四百五十伏特的電擊。這讓我們明白，決定服從率的最大變數，不在「我心中」，而在「外界」。

這系列實驗最值得矚目的結果，是在安排受試者擔任兩種角色的情況下所產生的：一個人施加電擊，另一個人念出問題並單純記錄結果。實驗結果顯示，扮演輔助角色的人當中，會制止另一個人施予電擊的比例只有約10％，另外90％都忠實扮演著自己的角色。納粹集中營裡，也存在眾多並非直接加害猶太人，而是扮演輔助角色的軍人。運輸兵、行政兵、伙食兵等人，是以「執行日常業務」的框架來看待自己的工作。這不代表我們不必過問他們的道德責任，而是必須了解他們所處的狀況，以及他們用什麼框架來解釋自己身處的狀況，這樣才能準確了解該行為的本質。如果用人為框架，將參與集中營的所有人都歸類為惡魔，便難以阻止這種不幸的歷史一再發生。

讀完第五章

具備了狀況框架，就絕對不會再用過去的方式看待他人。「行善的人是因為原本就善良，做出惡行的人原本就很邪惡；貧窮的人本來就是貧窮之流，有錢人天生就是有錢人；做出不合理行為的人，在道德上本來就有問題」……根據人為框架所產生的想法，會讓我們比較輕鬆。因為我們覺得自己不是「那種人」。

不過，若能正視不可忽視的「狀況力量」，就會對做出不當行為的人更加寬容，也比較不會以英雄崇拜的方式看待做了善事的人。要跳脫比較簡單、比較熟悉的「人為框架」固然很辛苦，但我們還是需要慢慢將自己的想法，調整成比較可能接近真相的「狀況框架」。

Chapter

06

「我就是狀況」的框架

如果能認知到「對他人來說，我本身就是一個狀況」，
領悟到他人的行為，並非源於他的內在，
而是源於「我」這個狀況——
這就是智慧與人格的核心。

為了更準確了解人的行為，我們需要均衡地使用人為框架與狀況框架。濫用人為框架，是源於我們對狀況的力量一無所知，這會使我們過度批判彼此、過度追究個人責任，比起透過系統來改善問題，我們會更優先以處罰少數有問題的人來尋求解決之道。相反地，若對人的力量沒有深刻了解，就濫用狀況框架的話，就會將人視為被動的存在，容易認為問題的改善完全取決於個人以外的力量。因此，我們不應該偏重任何一種框架，而是要均衡地交互使用。

可惜的是，心理學研究讓我們發現，人類對人為框架的依賴性遠高於狀況框架。因此，我將整個第五章的篇幅都用來介紹狀況框架的重要性。只要具備使用狀況框架來看世界的習慣，我們就能更敏感地察覺那些影響個人想法、感情、行為的周遭狀況，尤其是他人的力量，更進一步來說，這麼做會讓我們不再那麼容易批判他人，而是努力找出讓對方不得不這麼做的狀況，變得較為寬容，換句話說，就是變得更有智慧。

狀況框架所引導的智慧，會讓我們產生「我自己對他人來說就是一種狀況」的認知。其他人的行為並不是反映他的內心，而是由「我」這個狀況所致，領悟到這一點，就是智慧與人格的核心。

游泳池給我的教訓

有段時間，我深陷游泳帶來的幸福感，每天早晚會去學校體育館游兩次泳，以下是當時發生的插曲。身為指導教授的我，沉迷於游泳的魅力一陣子之後，便開始邀請研究生一起去游泳池（一種狀況的力量）。研究生當中，很快就有一個人愛上游泳，甚至會去海泳。某天，我們賭上了自尊，決定一較高下，在二十五公尺長的游泳池來回游三十次。我輸了這場比賽，因為覺得很丟臉，加上自尊有點受傷，我對那個學生說「在游泳池一直很在意你，所以游得太猛了」。結果，那位學生對我說的一句話，徹底改變了我身為一位研究人員、身為一個人的人生。

「教授也讓我覺得很辛苦！」

比賽過程中，可以看到游在旁邊水道的學生，所以我覺得很辛苦，開始在意起手的角度夠不夠完美、濺起的水花是不是太大等等，一直留意平時不會注意的部分，最後加速過猛而輸掉。但學生也說，就是因為這樣，讓他覺得很辛苦。那位學生也因為游在他旁邊的我，比平常更加在意一些細節，何況我是他的指導教授，正如那位學生對我來說就是個狀況，對學生來說，我也是一個狀況。我只在意到對自己造成影響的狀況，卻完全沒想到，我對那個學生來說也是如此。自從那天，我便展開了一連串的研究。

託你的福很開心 vs 託我的福很開心吧？

上述這個故事，是目前任職於美國伊利諾大學的具美京（音譯）教授，還是我的指導學生時所發生的事。我決定要證明，我們會認為「他人給自己的影響力」大於「自己給他人的影響力」，也就是將游泳池發生的事搬到實驗室去進行。我們請受試者想一位好朋友，評價那位朋友對自己的影響，包括興趣、喜好、價值觀，以至於整個人生；同時，也要評斷自己對那位朋友的影響。結果比我們預期的更有趣。

針對那些眼睛顯而易見的部分，例如喜好（喜歡什麼樣的音樂、喜歡什麼樣的電影），受試者認為朋友帶給自己的影響，和自己帶給朋友的影響差不多。因為，我們很容易注意到，正如自己受到朋友影響，喜歡上新的音樂、注意到新的電影，朋友也受到自己的影響，喜歡上新的音樂或電影。

但是，像價值觀這種較不顯而易見的領域，結果就截然不同。我們會假設，朋友對自己的價值觀或人生觀起了顯著的影響，但是自己對朋友的人生觀或價值觀，影響力則沒有那麼大。自己的內在因為朋友而產生的變化，無論再怎麼細微、私密，自己都一清二楚；但是，「我」沒辦法看到朋友的內心，無法得知朋友內在因

「我」而起的改變。因此，我們了解朋友對我們發揮了影響力，卻忽略了我們對朋友的影響力。

世界上有「你的一句話，是支持著我活下去的力量」這種話，卻沒有「我的一句話，是支持你活下去的力量」這種話。這不是因為我們謙虛，而是因為看不清自己的影響力。

跟在旅途中初次相遇的人分別時，經常聽到「託你的福很開心」，但沒有人會問「託我的福很開心吧」。這不是因為我們害怕這樣很自以為是，而是因為根本沒想到這一點。同樣地，看到對乞討者視而不見的人，我們會想「別成為那種人」，但我們不會想到，可能也有別人看到「我」對需要幫助的人視而不見，而產生「別成為那種人」的想法。看到有人讓座給孕婦，會想「這世界真溫暖」，卻沒想到也許別人看到「我」做了這種行為，而對這個世界產生希望。**我們總是對自己的影響力視而不見。**

MERS與口罩

二〇一五年，大韓民國社會陷入中東呼吸道症候群（MERS）的恐慌之中。在韓國，一百八十六名病患確診，其中有三十八名死亡，創下全球最高致死率，在第一位確診者出現的兩百一十四天之後，才正式宣告結束。這段期間，大約有五個月，韓國社會都為恐懼與不安所苦，也有許多「自私」的事件不斷上演。

那就是，需要被隔離的人，卻任意離開自己的居住地。

有些人即使接獲需要自我隔離的通知，卻以無聊、以已經約好打高爾夫球、要跟家人見面為由，擅自離開居住地，不僅令衛生當局和警察心急如焚，更被和他們接觸過的人怨恨、批判。他們到底為什麼要違反自我隔離的指示？

雖然沒有明顯症狀，卻依然接獲隔離命令的人，說不定是覺得很冤枉，也有些人可能是不知道隔離的規定。不過，我腦海中浮現另外一個可能性，那就是：或許他們低估了自己，認為自己不會將病傳染給別人。這可以解讀為，這些人缺乏上述

「我就是狀況」的想法，低估了自己對他人帶來的影響，才做出這樣的行為。認為自己的衛生習慣比他人更好、認為自己比他人健康、認為自己不會遭遇不幸的樂觀想法，這些都會讓我們低估將病傳染給他人的可能。

為了瞭解這一點，我們的研究團隊著重在「口罩」上面。預防MERS最簡單的方法，就是戴口罩，原因有兩個，一是保護自己不被他人傳染，二是保護他人不被自己傳染。相較於「他人會被自己傳染」，要是一個人更擔心被他人傳染，就會基於第一個原因而戴口罩。也就是說，口罩不是要預防他人被自己傳染，而是要預防自己被他人傳染的工具。

MERS疫情正式結束之前，我們曾問過民眾，為了預防MERS是否會戴口罩，如果戴，又是為了什麼。結果和我們預期的一樣，比起預防自己傳染疾病給別人，大家更在乎的是避免受到傳染。口罩是保護自己不被他人影響的工具，而非保護他人不被自己影響的工具。人類低估自我影響力的心態，也顯現在預防疾病傳染這方面。

電話約會的秘密：自我實現預言

我把「自己成為引發他人行動的狀況」，轉變成一個愉快的實驗，請美國明尼蘇達大學研究團隊進行研究。❶在這個研究當中，實驗人員給一群男性看一位很有魅力的女性的照片，和這位女性做簡短的電話對談；另一群男性則看一張不怎麼有魅力的女性的照片，同樣和照片中的女性進行簡短的電話對談。

在電話約會之前看照片，是為了讓這些男性產生「期待」，要讓第一組人期待對方很美，另一組人則預期對方不美。研究人員將通話的內容全部錄音，從中擷取女性的對話內容給第三方聽，不過第三方聽時，並不會獲得該女性有沒有魅力的資訊。聽完之後，由第三方判斷這些女性情感多麼豐富、社交能力多高。結果相當令人意外，男性預期不怎麼有魅力的女性，獲得的第三方評價竟然真的不如有魅力的女性。

難道，漂亮的女性（更確切來說，是眾人期待她應該很漂亮的女性），個性果真很好嗎？並非如此。這個實驗中使用的照片，並不是通話對象的真正照片，所以電話禮儀好的女性，其實不一定是美麗的女性。我們在分析通話結果的過程中，總算發現了這個秘密的真相。

這一切其實都源於男性的「期待」。相信對方很美的男性，打從第一句話就很溫柔、很和氣，通話過程中，也一直表現出優質的電話禮儀。相反地，認為對方不怎麼漂亮的男性，第一句話開始就不怎麼圓滑，通話過程中不和氣、說話也很不耐煩。無論是哪一位女性，遇到對自己友善的男性，自然會拿出友善的態度；遇到對自己不耐煩的男性，自然會表現出不耐煩的情緒，這是人之常情。

換句話說，那些女性的行為並不代表她們自身的品行好壞，而是源於男性的行為。

男性的期待（漂亮 vs 不漂亮）先改變了男性的行為，這些經過改變的行為，進一步誘導了女性的行為。看到女性這些行為的男性，會覺得「果然美女的個性就是好」或「果然長得不好看的人個性也不好」，進而落入認定自己的想法沒問題的惡性循環。

我們具備的信念和期待，先改變了我們的行為；我們的行為，則會改變對這些行為產生反應的他人。我們不知道對方的行為起因於自己，卻正當化了「那個人本來就是這種人，我想得沒錯」的想法。認為黑人都很暴力的白人，在對待黑人時總是抱持著警戒；但是，遇到對自己抱持警戒心的人，無論是誰都會很不自在、不親切。看到這種行為就確信「黑人果然都是這樣」的人，完全不知道其實就是自己引發黑人做出這些舉動。這種惡性循環的結構，在心理學中稱為「自我實現預言」（self-fulfilling prophecy）：正因為自己的期待，創造出了符合期待的現實。

我對他人先入為主的觀念，改變了我的行為，而這樣的行為又改變了他人的行為。越是能認知到這種危險循環，我們就會變得比較有智慧。

指導教授在看你

有些人光是存在，就能讓周遭的人變得更優秀；也有些人光是存在，就會令周遭的人變得更無力。二〇〇八年離世的羅伯特．札瓊克（Robert Zajonc）是波蘭裔心理學家，在美國密西根大學任職了很長一段時間，後來轉至史丹佛大學任教，在國際間享有盛名。他憑著與生俱來的研究直覺，加上奇特的想法，得到學者的推崇。最為一般大眾熟知的研究，包括「夫妻會越來越相似」、「有些人只是待在那，就會對事情的執行力造成影響」的「單純在場效應」（the mere presence effect），以及「只要常常接觸，好感就會增加」的「單純曝光效應」（the mere exposure effect）。原本就是知名學者的他，光是一個提問、一句評語，甚至是一個表情或眼神，都能夠讓研究生和博士後研究生羨慕或恐懼。

當時，一位在該學系進行博士後研究的年輕學者，利用札瓊克教授進行了一個絕妙的實驗，證明了有些人光是在場，就能對別人造成影響。❷這位學者要研究生寫下現在有興趣的研究主題，請他們自己來評價這個主題有多好。但是，在提出這個問題之前，他讓某部分的受試者眼前迅速閃過札瓊克教授皺眉的照片，由於時間短暫到受試者很難察覺，他們根本無從得知自己看了札瓊克教授的臉。

資料分析結果顯示，看見札瓊克教授皺眉的受試者之中，認為自己的研究主題不夠好的比例，高於沒看見照片的受試者。對照組的學生給自己的研究主題評了A-，看了皺眉照片的實驗組學生只評了C+。雖然沒意識到自己看了什麼，可是大腦已經發現那是「大師的臉孔」，也因為那張優秀的臉而提高了自己的標準。

我們的臉可以刺激某些人提高標準，也可能刺激別人降低標準。從這個意義來看，我們出色或優秀的形象，或許是被彼此形塑出來的。在出色的人身邊待上一段時間，就可能變得更出色；在安於現狀的人身邊待上一段時間，就會變得安於現狀，這樣的可能性非常高。我們之中，有人是促使他人更出色的人，有人則是促使他人安於現狀的人。

我決定朋友的幸福

最需要「人為框架」和「狀況框架」達成適當平衡的領域，就是幸福。如果以人為框架來看，幸福完全是個人的事情，無論是與生俱來的氣質、努力不懈的內在修養、還是嚴謹的生活習慣，決定個人幸福的因素，都取決於個人。無論在任何情況下，都能夠找到、體驗到幸福的人，最適合人為框架。「新約聖經」中的使徒保羅，就是最好的範例。

我知道怎樣處卑賤，也知道怎樣處豐富；我已經得了祕訣，無論在任何情況之下，或是飽足，或是飢餓，或是富裕，或是缺乏，都可以知足。——腓力比書4：12

以人為框架來看待幸福時，沒有什麼比「無論在什麼情況都能心滿意足」的心理素質更重要。但是，為了更正確地了解幸福為何物，我們仍然必須擁有狀況框架。

與幸福相關的眾多研究中，雖然強調「無論什麼處境都能感到滿足」的特質十分重要，但同時也說明了，在特定情況中，會讓大部分的人感到幸福，或讓大部分的人感到不幸。像美國小說家保羅·奧斯特（Paul Auster）所說的「玷汙靈魂的貧困」，可能會讓每個人變得不幸。在絕對貧困的狀態中，學習維持心靈平靜的方法固然重要，但解決貧困狀態也非常重要。為慢性疼痛所苦的人、失業的人、失去愛人的人，都會有好一段時間陷入不幸之中，即使當事人高喊著生不如死，旁人也無法責怪當事人；不過，當事人還是要努力保有積極正面的想法。更重要的，其實是平時就要維持健康，建立預防事故發生的系統，避免自己經歷這種痛苦。幸福就在人為框架與狀況框架達成均衡的交界之處。

二〇〇八年，一個發表於《英國醫學期刊》的一個研究，讓我們深刻了解到狀況框架對幸福有多重要，尤其是「我就是狀況」的框架。❸那篇論文的發表人，包括當時還是哈佛教授的克里斯塔教授（Nicholas Christakis），以及當時任職聖地牙哥加州大學（UC Sandiego）的詹姆士·福勒教授（James Fowler），這份研究以

《幸福也會傳染》（*Connected*）之名出版，引起了很大的話題。

根據這個研究，一個人的幸福會大幅受到「身邊的人」的影響。他們分析了「佛雷明罕心臟研究」（Framingham Heart Study）這個知名研究計畫中，二十年來共四千七百三十九名受試者的健康、人際網絡以及幸福的資料，發現幸福就像肥胖和禁菸一樣，會透過人際關係網絡傳染。

根據他們的分析，只要「我」幸福，「我」的朋友感到幸福的機率也會增加約15％。「我的幸福會影響朋友的幸福」這點並不讓人驚訝，也並非該研究的主要結論。這個研究所揭露的驚人事實，是我的幸福不僅會影響「我朋友的朋友」，甚至也會影響「我朋友的朋友的朋友」。就連素昧平生的「朋友的朋友的朋友」，都會因為「我」的幸福與否，改變他們所感受到的幸福。沒有人會想到，我一個人感到幸福，竟然能讓素未謀面的人也因此感到幸福。

研究同時發現，幸福不僅會透過現實生活中的網絡傳播，也會透過線上社群網路傳遞。克里斯塔教授和福勒教授分析了一千七百名大學生的臉書好友關係❹，他們的「朋友」平均有一百一十人，會彼此分享照片、互相「標記」對方的「好朋友」大約是六位左右。為了衡量他們的幸福指數，兩位教授便分析了他們的個人檔案照片，因為根據心理學研究，照片中的人臉上的笑容，是告訴我們那個人幸不幸福的重要線索。另外，他們也分析這些學生好友的個人檔案，判斷他們是否有在笑，這算是一種針對笑臉進行的人際網絡分析。

這個分析結果，與針對現實生活人際關係的研究結果，相似的程度令人驚訝。首先，在照片中笑著的人，也有很多愛笑的朋友，不笑的人則有很多不笑的朋友；幸福的人身邊會聚集許多幸福的人，不幸的人身邊則有許多不幸的人；比起不笑的人，笑的人擁有的好朋友平均多了一人。不僅如此，越是愛笑的人，就越是身處朋友的人際網絡中心。這個研究證實了「當你笑，整個世界也會跟著你笑」這句話。

幸福不只是個人的產物，也是「我所屬的集團」的產物。我的幸福會影響我的朋友、朋友的朋友、朋友的朋友的朋友，一旦認知到這個情況，我們就會對幸福產生「道德義務」。幸福雖然是個人的選擇，卻同時也是一種對社會負責的行為，當我們產生這樣的想法，對幸福的概念就絕對會和過去大相逕庭。這也是「我就是狀況」這個框架之所以重要的原因。

我打哈欠，所以我是人類

人與人之間最具有傳染性的東西，就是哈欠了。哈欠可以分為自發性哈欠（spontaneous yawning）和傳染性哈欠（infectious yawning）。自發性哈欠就如字面所述，是自然發生的哈欠，連胎兒也會在母親肚子裡打哈欠。每位懷孕的母親應該都曾經看到胎兒打哈欠的照片，為此驚慌失措。自發性哈欠的起因有很多，其中一種是由於壓力，使身體提高警戒所致。打哈欠之後，供應給大腦的血液便會增加，腦的催產素隨之上升，這有使腦更清醒的效果。在重要的面試前總會在等待區不斷打哈欠，在看牙醫之前因為緊張而不斷打哈欠，都是這個原因。

與自發性哈欠不同，傳染性哈欠則是看到他人打哈欠的樣子、聽到那個聲音，甚至只是想到哈欠，都會讓人想打哈欠。在研討會時，如果有人打哈欠，旁邊的人也會很快地開始打哈欠，哈欠具有高度的傳染性。我們甚至可以說「我打哈欠，所以我是人類」，因為傳染性哈欠是人類（以及黑猩猩）的特色。

儘管我們至今仍未發現傳染性哈欠的原因，其中有個很具說服力的說法，認為傳染性哈欠是源自「共鳴」（empathy）。這個說法是基於一些研究發現，四歲以下的兒童不太會出現傳染性哈欠，而且罹患自閉症的兒童出現傳染性哈欠的機率，較同齡的一般兒童要低。

雖然需要更多研究證實，不過這個說法暗示，傳染性哈欠是為了增進社交關係而產生的高度策略行為（雖然打哈欠幾乎是下意識的行為），這是個非常有趣的說法。我打哈欠的原因，很可能是因為身邊的某個人在打哈欠；以相同的角度來看，別人打哈欠的原因，很可能是因為我正好在打哈欠。這代表，我既是幸福的散播者，同時也是哈欠的散播者。

與哈欠一同競逐傳染之王寶座的，就是笑容。當有人開始笑，身邊的人也會跟著笑。我們經常能看到為了不笑而刻意忍耐，忍到最後爆笑出來的事情。跟著別人笑的原因，和跟著別人打哈欠的原因是一樣的。分享類似爆笑的這種正面情緒，會使人類的大腦活動「同步」（synchronize），由於大家的大腦活動在一瞬間達到完美同步，才會產生強烈的連結感。雖然不是很清楚身旁的人為什麼而笑，可是因為那個人在笑，所以自己也跟著笑，這個現象反映了我們內心非常想要與他人深交的渴望。

因此，我笑是因為身旁的人在笑，身旁的人笑是因為我笑。我是哈欠的散播者，也是笑容的散播者。如果以「我就是狀況」的框架來看世界，就會了解自己在這個世界上引發了很多事情。

我會成為怎樣的框架？

我在談框架時，聽眾最常問的問題，就是：「那麼，我究竟該擁有怎樣的框架？」這個問題很自然，其中也蘊含了對自我人生的真摯煩惱，所以我認為這是很棒的問題。不過，當中也隱藏了一個相當根深蒂固的假設，總是令我掛心。

大家通常會將「框架」與「自己」當作兩回事。要採用怎樣的框架、要拋棄怎樣的框架……這些問題彷彿在說有些框架「應該放到旁邊」，其他「在這裡」的框架，才應該是我要具備的框架。**但是，每個人都應該認知到，其實自己就是一個框架。**

假設有A、B、C三個完全不同價位的套餐，多數客人不太會去選擇價格超高的C套餐，但C套餐確實有存在的理由。

光是與C這個套餐放在一起，就會改變大家對A和B的標準和看法，尤其是改變了對B的看法之後，客人就會覺得B套餐價格很合理。換句話說，C套餐的角色在於改變客人看菜單的框架。如果沒有C套餐，B套餐可能會讓人覺得很貴，但由於C套餐的存在，所以B套餐才會被認為價格合理，這正是高價菜色存在的原因。

有時候，我們會接觸到一些人，像C套餐一樣改變我們看世界的角度。在《K-Pop Star》這個節目草創初期，曾經發生一件事。有位名叫金秀漢的年輕挑戰者，後來大家才知道，原來他是視障者。他從小學就看不見，卻沒有放棄成為歌手的夢想，在失去視力的狀態下，依然勤奮地練習跳舞。三位評審帶著懷疑的表情，請他跳舞看看，結果他展現了令人驚訝的舞蹈實力。那場用盡全力的演出，感動了所有的評審，甚至令一位評審落淚。「太驚訝了，眼睛看不見居然還能跳舞。」「處在這麼艱困的情況下，卻能帶來這麼棒的表演，讓我反省了自己。」

金秀漢先生不放棄的鬥志固然令人感動，但是，看到這樣的他而反省自己的人，正是韓國最優秀的唱跳歌手寶兒，這點也令人印象深刻。金秀漢先生對寶兒來說，就是如同C套餐的存在。人類超越想像的努力，會改變人們對「努力」這件事的看法。

好的框架會改變我們，而改變之後的我們，會成為那耀眼的C套餐，再去改變別人。希望各位不要沉溺在「跟那些不好的人相比，我還算可以」這種消極的想法與安逸感當中，而是要帶著「想要像那個人一樣努力過生活」的想法，努力改變自己，成為別人的C套餐。這也是我想要強調「我就是狀況」的原因。

讀完第六章

「人生並不在於發現自我，而是創造自我。」

這是愛爾蘭劇作家蕭伯納（George Bernard Shaw）留下的名言。為了創造自己，我們必須先創造「我就是狀況」的框架。如果真正了解到，自己的力量可以影響他人的行為與幸福，我們自然而然會產生鬥志，努力創造更美好的自己。

Chapter

07

當前的框架：扭曲過去與未來的原因

唯有從現在來看過去，才會覺得過去井然有序，
這點請各位務必牢記。
請不要認為自己很聰明，高喊「我就知道」，
或是將自己的愚蠢合理化。
我們要建立一個充滿智慧的習慣，
那就是正視這點：
充滿光明的未來，其實是現在所創造的幻覺。

被我們稱為「古代人」的人，當時並不會想到自己是「古代人」。由於是從現在的觀點出發，我們才會這樣稱呼他們。如果以現代的框架來看古代人，會覺得他們未開化、較落後，但他們卻不曾這樣想過。活在被我們稱為「過渡期」的人，也絕對不會知道，自己的生活是連接過去與未來的過渡期。

等過了數百、數千年之後，我們所生活的現在，或許會被後世子孫稱為古代、過渡期、劇變期，甚至可能被稱為黑暗期。未來的子孫，肯定會從他們的「現代」來評價過去。觀看外來的角度，事實上也取決於我們現在身處什麼樣的狀況。「現在」正是我們詮釋過去與未來的主要框架。

後見之明的效果

過去不存在，如今卻存在的重要東西，就是「結果」。如今的我們，已經知道在二〇一四年，韓國會在巴西世界盃小組賽就遭到淘汰，但世界盃開打之前並不知道這件事。生產完的產婦會知道孩子是兒子還是女兒，但一直到生產之前，都還是無法真正確定性別。從現在來看，我們知道AlphaGo在與李世乭的對弈中取得壓倒性勝利，但對弈之前，我們依然樂觀地相信李世乭會獲勝。即便如此，我們還是經常會用「好像從一開始就知道結果會這樣」的態度，來回想過去。

誤以為只存在於現在的結果也存在於過去，說出「我就知道會這樣」、「我早就知道了」，這種心理現象稱為「後見之明偏誤」（hindsight bias），我將之取名為「後見之明效果」，與先見之明效果做對比。Hindsight是結合了英文的behind與sight兩個字，照字面上的意思解釋，就是「知道結果之後」、「反過來看」的意思。❶

一九九四年，聖水大橋坍塌，不到一年，三豐百貨公司又在一九九五年六月二十九日倒塌，各種大型事故接連發生，當時的報紙和電視淋漓盡致地展現了後見之明效果。

所有媒體異口同聲地說「這是可預見的人為災害」，以占滿整個報紙版面的標題，強調這種大型事故「本來就一定會發生」。照理來說，這種事應該要經過好幾年的分析，等待報告結果出爐才對，但是在事發幾天之內，輿論就幾乎分析完畢，主張要未能預知事故的無能負責人下台，大呼小叫地要求揪出疏於管理監督的人，怎麼會無法預測這種顯而易見的結果。

確信這些意外是可預見人為災害的專家與媒體，為什麼在事故發生前，沒有發出警告呢？後世的人來評價過去的政策，危險性就在此。如同丹尼爾．吉伯特（Daniel Gilbert）在他的書中《快樂為什麼不幸福？》（*Stumbling on happiness*）所說，以現在的框架來評斷過去，就如同說某人在一九九〇年代初期沒有繫安全帶，所以現在要逮捕他一樣荒謬。

最容易讓我們了解「現在支配過去」這個現象的，就是體育競賽。結束哨音響起的瞬間，一切都成為「過去」，那段過去會因為現在而受到重新評價。在二〇〇二年世界盃，韓國與美國踢了一場比賽，過程中，韓國獲得了十二碼罰球機會，由李乙容選手擔任罰球員，可惜以失敗告終。其實，一開始要擔任罰球員的選手是李天秀。李天秀選手站出來，好像要踢這顆球，後來卻由李乙容選手負責踢罰，最後罰球失敗。我當時置身在大邱世界盃競技場，親眼觀賞那場比賽，也藉機好好觀察了觀眾席上各式各樣的後見之明心理。

「為什麼是李乙容？」

「為什麼會讓慣用左腳的選手來踢十二碼罰球？」

「這麼重要的時刻，當然要交給比較大膽的李天秀選手啊，教練在幹嘛？」

人們你一言我一語，猛烈批判希丁克教練的決定。但我敢確定，如果李乙容選手成功的話，這些批判教練的人，肯定會說這樣的話：

「我就知道會這樣，要出其不意的話，還是要左腳的選手啦。」

「李天秀比較沒經驗，還是老練的李乙容好一點。」

我們必須承認，在「過去」尚未成為過去之前，沒人能夠預測事情會怎麼發展。唯有以現在的角度來看待過去，才會覺得那一切都是可預測的。

就知道會這樣

後見之明效果，是源於人類可以在事後說明一切的能力。最讓人感到無力的一件事，就是無法清楚說明發生在自己周遭的事情。一個人要維持對生活的「控制力」，這種「說明的能力」就非常重要，但這樣的能力必然伴隨著一個副作用，那就是無論什麼結果，都可以在事後進行說明。所以，不管面對怎樣的結果，我們都不會像第一次經歷那般驚訝。

舉個例子，如果有研究結果宣稱：「身體沒有任何異常，卻長期無法懷孕的夫妻，決定要領養之後，懷孕的可能性就會變高。」或許很多讀者不會感到太過驚訝。有的讀者可能會傻眼地認為：「這是當然的啊，領養之後懷孕的壓力就變小了，在沒有壓力的情況下維持夫妻生活，懷孕的可能性當然會變高，教授居然花時間做這種實驗……」

那反過來看看另一種研究結果：「身體沒有異常，卻長期無法懷孕的夫妻，決定要領養之後，懷孕的可能性反而更低了。」這次，各位肯定也不會感到驚訝，甚至可能會生氣地想：「這是當然的啊！都領養了孩子，就不需要再努力懷孕。既然沒那麼努力了，懷孕的可能性自然變低，這一定要研究才會知道嗎？」

如果對A結果不感到驚訝，不就該對與A結果相反的「非A」感到驚訝嗎？但事實是，在我們已經得知結果的現在，無論是什麼情況，都不會讓我們驚訝。如果我告訴各位，有個研究結果是「遠距離戀愛，感情最後會慢慢變淡」，各位一定會說「這是當然的，不是有句話說『見不到面了，心的距離自然也就越來越遠』嗎」。但如果我說，研究結果是「相隔兩地，感情越來越深厚」的話，各位也會回答說「這是當然的，相隔兩地就會更想念對方，這樣當然感情會越來越深厚」。

假如有個研究結果顯示，很能適應戰爭的人，是教育水準較高的人，大家會說：「當然！多受點教育，才知道更多排解壓力的方法，適應狀況的能力也會變好。」但假如研究結果是教育水準較低的人較能適應戰爭，大家會回答：「當然，想太多很累，還是單純一點比較好。」實在沒有什麼是無法事後說明的。

當我們將已經發生的事情視為理所當然，相信事情一開始就會這樣發展，就使我們變成「現在框架」的犧牲品。因為可以輕鬆解釋任何事情，會覺得自己很聰明，但這只是「現在框架」創造出來、煞有其事的一種包裝而已。

為了成為有智慧的人，我們對各種事後判斷的信任感，都不能比當下事情發生時更高。在說出「我就知道」這句話之前，我們必須自問「我當時真的知道嗎」；在責怪下屬「怎麼會沒預見到這樣的結果」之前，我們必須擁有先自問「我真的能夠預測這個結果嗎」的智慧。

十年前的我幸福嗎？

跟老公初次相遇時，對彼此的第一印象如何？

年輕時的我勤勞嗎？

你能答出這些問題的正確答案嗎？我們經歷過的每一件事情、每一個瞬間，要是當下的情感都會變成能儲存的資料，那麼回答這些問題就是很簡單的事，只要按下「重播」鍵就好。但是，不僅我們的大腦沒有正確儲存過去的檔案，國家

記錄檔案室之類的地方也不可能有這些資訊。因此，回想過去不是重播，而是一種創造。❷

過去沒有、現在卻有的代表物品之一，就是現在的自己。現在的工作、約會對象或配偶，是遙遠的過去不可能擁有的資訊；現在的政治傾向、興趣、能力、幸福的程度，也是過去不可能獲得的情報。不過，我們還是會將現在的自己，錯誤投射到過去的自己身上。

一九七三年和一九八二年，美國密西根大學的葛雷戈．馬可斯（Gregory Markus）教授帶領研究團隊，針對八百九十八位中年家長，以及一千一百三十五名這些家長的子女，進行大規模的態度調查。❸一九七三年，參與實驗的子女平均年齡為二十五歲，家長年齡為五十四歲左右。接著，九年後的一九八二年，再次實施調查，當時子女的年齡為三十四歲，父母則平均為六十三歲。這項調查當中包括「社會保障制度」、「少數民族優待政策」、「對大麻的刑罰」、「政治立場是保守還是進步」等問題，也讓一九八二年再次接受調查的這些人，回想自己在一九七三年做了怎樣的回答。

1973年和1982年
進行的大規模態度調查關聯性

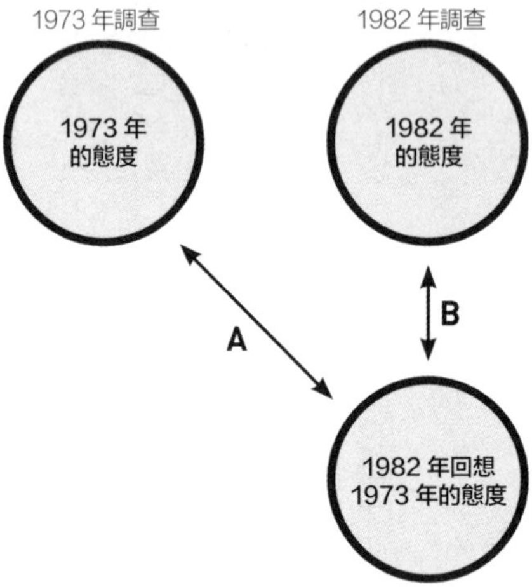

這個研究關注的重點可分為兩個：第一，一九七三年回答時的真實態度，跟一九八二年的回想之間，相似度有多高（相當於上圖中的A）。分析結果顯示，兩者的相似度大約是0.39～0.44（相似度的範圍介於-1～1之間，越靠近1表示相似度越高，越靠近-1表示相似度越低）。這代表，回想九年前的態度，和九年前的實際態度，的確有某種程度上的相似。

第二個關注的重點（相當於圖中的B），則是一九八二年回答的實際態度，和一九八二年回想前一次的態度時，兩者之間的相似度。分析結果顯示，兩者之間的相似度是0.56～0.79。

由此可知，一九八二年當下的態度，和一九八二年回想過去的態度，相似度極高。

這份研究當中最引人注目的部分，在於跟第一次的實際態度相比，第二次接受測驗時的回想，和第二次當下的態度關聯性更高（B＞A）。換句話說，大家回憶中的自己，會較接近自己現在的樣子，而非過去的樣子。

受試者回憶九年前的自己時，認為自己當時的態度，跟現在並沒有太大的差異。因此，現在認為自己比較保守的人，也會以為九年前的自己很保守；現在較進步的人，也會認為九年前的自己較進步。

無論在哪個時代，成年人總是指責年輕人沒有禮貌、不懂得節制。最近，教授們也開始擔心學生都不做作業。可惜的是，成年人的這些指責和訓斥，很大一部分都是沒有根據的。教授在評價學生時，會想起他們自己的學生時代。與此同時，他們會陷入已經扭曲的回憶裡，認為當時自己也和現在一樣，覺得學習很有趣、很珍惜每一天的時光。

成年人誤以為自己年輕時，就像現在一樣很有自制力、很有責任感。和過去完美的自己相比，自然會覺得現在的年輕人有待努力。

從這點來看，喬治．威朗特（George Vaillant）說的這段話，真是正中要害：「毛毛蟲變成蝴蝶之後，就會開始主張自己從一開始就是一隻小蝴蝶。成長的過程，會讓我們每個人都變成說謊精。」❹

「我沒有這樣啊」、「我們那時候才不會這樣」……這些話說出口的瞬間，就會使父母和子女、上司與下屬之間的關係蒙上一層陰影。

沒有什麼話比這些話更缺乏根據了。如果你想對子女、對年輕學子、對自己帶領的人說「我們當時不是這樣」、「我在你這個年紀時不會這麼做」，你應該先反問自己：「真的是這樣嗎？」

殺死過去

「現在框架」會使我們誤以為過去與現在相似，但我們也會根據個人需求，創造與現在截然不同的過去。尤其是期待藉著特定的事件或是特定的時機，讓自我得以成長、改變的時刻。

結婚之後，社會普遍都期待人必須變得更懂事。結婚之後，真的更懂事的人不會有什麼問題，但依然不懂事的人該怎麼滿足這個期待？那就是把過去的自己，塑造得比實際上更糟糕。

經歷信仰改變的人，也適用這個機制。舉例來說，某位宗教人士說自己在信奉該宗教之前，是個豬狗不如的人，相信自己現在已經脫胎換骨。我們會為了讓現在的自己看起來是個「冠軍」（Champ），把過去的自己塑造成「傻瓜」（Chump）。

透過實驗證明這種「殺死過去」現象的人，是心理學家麥克．康威（Michael Conway）和麥克．羅斯（Michael Ross）兩位教授。❺他們以大學生為對象，進行讀書技巧訓練課程。課程開始時，他們讓參與的學生評價自己的讀書技巧。為期三週的訓練課程結束後，再讓學生評價一次自己的讀書技巧，並且回想課程開始前的自我評價。

結果顯示，課程結束後，學生對自己過去讀書技巧的評價，比課程開始之前的評價結果要差。因為期待自己透過訓練提升讀書技巧，學生才會貶低過去的自己，好在心理上獲得技巧確實提升的感受。

這是我大學時當家教的事情。當時教的學生當中，有些人真的在上完家教之後成績變好，但也有人經過了好幾個月的努力，成績依然不見起色。對父母、對家教老師、對學生、對仲介家教的人來說，這都是難以理解的情況。於是出現了一種說法，能在遇到這種尷尬的情況時，既不損害彼此顏面，又能建立家教的正當性，那就是「以前無法在書桌前坐超過三十分鐘，現在可以坐一個小時了」。如果能夠犧牲過去救活現在，人就會義無反顧地想辦法將現在的情況合理化。

此外，也會有人過度誇大過去的光榮事蹟，以保護現在落魄的自己。退休的拳擊手會回顧自己奪得冠軍的時期；再也聽不到別人稱讚自己天才的平庸大學生，會回想過去叱吒風雲的高中生活。問題是，在這些過程中，人們會刻意渲染事實，重新建立起過去的風光。

不再令他人害怕的人，會不斷回想過去的自己是多麼兇悍，藉以保護現在的自己。在這個過程中，記憶中的過去會變得更加光彩耀眼。

自傳的秘密

思想家徐載弼在自傳中，堅稱自己出生於一八六六年。但是，一八八二年考上科舉時的《國朝榜目》上記載，他是一八六三年生。

「徐載弼說，自己十三、十四歲時，以最年少之姿狀元及第。但根據李光麟教授的調查，徐載弼是在一八八二年，也就是他二十歲那年，國家為了慶祝王后大病

初癒而舉辦的別試文科當中，考取僅次甲科、乙科的第三名丙科。因此，他並非當時年紀最輕的合格者，也並非狀元及第。」❻

以上引用的文章，是歷史學家朱鎮五教授刊登在《歷史評論》的論文。朱鎮五教授在歷史學領域是相當知名的人士，為了證明回憶錄有嚴重扭曲事實的問題，以徐載弼的自傳當做例子。以下是朱鎮五教授的結論：

「我們會研究在歷史上留名之人的生涯，是為了透過這些，更正確地了解他們所生活的時代，並將過去所發生的事情作為借鏡，所以，他們不能刻意創造神話。」

自傳並不專屬於少數名人，雖然平凡人不會寫成書，但每個人仍然不斷記錄著自己的自傳。我們會回顧自己的過去，創造、記錄故事，再將這些故事講述給後代子孫聽。在這個過程中，我們多少會為了美化自己的過往、創造神話，而犯下刻意扭曲過去的愚蠢行為。

社會心理學家康妲（Ziva Kunda）教授的研究團隊，曾用一個實驗，證實我們是如何用「現在框架」扭曲了自傳的內容。❼研究人員向一部分參加實驗的大學生說明，有研究顯示「外向者在事業上容易獲得成功」，並讓這些受試者回想自己的過去，評價自己和他人的交流有多麼活絡、是否會主動和初次見面的人搭話等等。另一半受試者則被告知「內向者在事業上容易獲得成功」，並要他們思考相同的問題。

結果顯示，「外向－成功」條件組的受試者，認為自己在社交生活上，較「內向－成功」條件組的受試者活躍（較外向）；不僅如此，他們還會非常清楚地記得自己主動和他人搭話，做出在社交上展現主動性的各種行為。「外向－成功組」的受試者記得的類似行為，比「內向－成功」組的參與者多。

如果說，對過去的記憶是因為現在的需求所致，那麼記憶其實就像是一種什麼都變得出來的魔術秀。我們不需要懷疑所有的傳記和自傳，但是如果能避免在尚未驗證的情況下，就任意斷定書上的內容就是真相，這才是比較聰明的作法。我們每天記錄下屬於自己的自傳，也要帶著更具批判性的智慧和勇氣來撰寫。

徐太志的吊帶褲

揭露知名藝人出道時的照片或影片的節目，之所以受到歡迎，是因為他們的過去正如我們所想，非常「俗氣」。知名偶像組合「徐太志與孩子們」在一九九〇年代初期，以漁夫帽和吊帶褲帶動流行，現在看起來真的會覺得很土、很不堪入目。那過去曾經象徵著歌手全永祿的復古眼鏡呢？我敢斷言，當時徐太志或全永祿，絕對不會認為自己的風格很土。

過了十年，再透過照片或影片回顧我們現在的樣子，我們肯定也會嘲笑現在的自己很俗氣。以「現在框架」來看過去的樣子，總是會覺得老土。不過，現在的我們，並不會想像十年後我們會如何嘲笑現在的自己，也不會因此畏縮。

這種現象不僅限於時尚，我們在看待過去的習慣或制度時，也會認為當時很野蠻、尚未開化，但那就像用現在的標準去評價過去的時尚一樣。如果可以大方承認，我們現在的習慣和制度，也可能會被後世子孫認為很落後，我們就會用更寬鬆的標準來看待過去的社會。

在對過去的評價當中，最令人驚訝的是，我們並不會想起自己十年前的知識水準，而為此感到羞愧或丟臉。或許是因為，當時和現在的知識水準並沒有太大的差異。我們會努力改變自己的外表，配合隨著時代改變的流行，卻鮮少努力讓自己的知識追上當代潮流。若想成為真正有智慧的人，我們應該做的不是覺得十年前的自己很俗氣、很令人羞愧，而是回想自己十年前的知識水準，發現自己有所成長而感到滿足。

計畫表的陷阱

加拿大滑鐵盧大學研究團隊，請三十七位四年級大學生，預估自己撰寫大學畢

業論文會需要多少時間。學生回答的平均天數是33.9天，實際上，提交論文花費的平均天數是55.5天。❽

「現在框架」不僅會對回想過去產生作用，更會在預測未來時發揮極大的力量。原因在於，我們很難想像「不存在於現在，卻存在於未來」的東西，也難以想像「存在於現在，卻不存在於未來」的東西。所以，我們對未來的想像，也不會跳脫現在的觀點。

小學時只要一放長假，就必須寫計畫表。現在回想起來，會覺得那些是超現實到令人發笑的計畫表，但擬訂計畫時的我們卻十分認真，認定自己一定可以按表操課。

起床時間不是六點就是六點半，我們即便在學期中都不可能在這個時間起床，卻總是要建立這麼勉強的計畫。平時不會做的「早晨運動」，也會像中藥裡經常用到的甘草一樣，一定要放進計畫表裡。雖然小學生根本讀不了什麼報紙，還是會把「讀報」塞進計畫表中。當然，「早上讀書」也是必備項目，每一項計畫的時間都分毫不差，沒有任何縫隙，顯得非常充實。

可是，我們對這個計畫表的熱度甚至不到三分鐘，長假一開始，計畫表就失去了它的作用，變成為了交差了事而寫的一份假期作業。不幸的是，我們在就讀國小時，不斷重複這個過程，到了國高中時依舊擺脫不了這個輪迴。這種狀況是因為，我們都會想像，現在的意志可以支配未來的結果。

這種計畫的失誤，即使在我們成為大學生之後依然沒有停止。一九八〇年代，英文單字書席捲了每一間大學，那就像是每個大學生都不能缺席的儀式，人手一本走在路上。當我們結束第一冊，開始讀第二冊，就會被朋友稱讚是非常認真學英文的學生，甚至有人會推崇你很有毅力。這也代表，讀完整本單字書並不是容易的事。

包括我在內，當時的大學生只要一放長假，就像小學生一樣，充滿野心地為了讀完整本單字書而燃起鬥志，每個人的思考過程應該都像下面這樣，無一例外：

- 首先，買本坊間常見的單字書回來，數一下書的頁數。
- 依照假期天數平分。

- 這樣就會知道一天要讀幾頁。
- 臉上露出滿意的微笑，「一天只要讀二到三頁，這點頁數……」

意外的是，時間飛逝，放假後已經過了一個星期，但時間還是很多。放假一星期後，我們重新數頁數，再平分給剩餘的時間，再次因為一天不需要讀太多頁而感到安心。努力實踐了幾天，漸漸追不上計畫好的分量，不知不覺就這樣荒廢到假期結束。等下一次假期來臨，我們又會抱著「這次一定要成功」的決心再次挑戰，相同的過程再度上演，就這樣一直到畢業。所以，單字書至今仍是許多四十到五十多歲的中年人心中的「遺憾」。

與其說這些是因為意志力不足，不如更正確地說，我們一開始對未來的規畫，就受到現在的意志太多影響。如果執著於用現在的意志來建立未來的計畫，我們就只會注意到自己的想法。這態熊燃燒的意志、覺悟、對過去失誤的領悟、這次一定會不一樣的決心等等，都會讓我們相信，現在這份意志一定會延續到未來，甚至會讓我們認定，不存在於現在的東西，未來肯定也不會存在，舉凡感冒、親戚過世、梅雨、超級大片的上映、與異性朋友之間的糾紛等，這些無法依照我們的意志來實踐、會妨礙我們的意外之事，往往不會出現在我們對未來的想像中。這就好比「隧道效應」（Tunnel Vision Effect）：開著車進入隧道，只會看見隧道裡的東西，無法得知隧道外的情況。

如果不想在預測未來時，犯下只注意到自己內心意志的錯誤，就需要足夠的智慧，去考慮「不存在於現在，但會存在於未來」的幾個狀況因素。在執行工作計畫時，如果有人建立過度樂觀的計畫，我們也需要將對方說的話稍微打個折扣，持保留態度。

明天難以預測的情緒

我們此刻所做的選擇和判斷，和未來要承受的事情有關。例如，星期三決定星期五晚上要去看什麼電影，最好事先訂票；春天時，決定暑假要去哪裡玩，要事先預訂行程等等。年輕時，我們就會規畫好自己未來的畢生志業，甚至在死之前，決定好死後要用什麼形式舉辦葬禮。

從某種程度來看，我們生活的品質，取決於現在的我們對未來所做的預測是否準確。可惜的是，這個領域的研究顯示，我們對未來的預測往往並不正確。

想像一個午餐吃大醬鍋的人，每次一吃完飯，就會先決定隔天午餐要吃什麼。這個人最喜歡的料理是大醬鍋，不過他決定明天午餐要再吃大醬鍋的機率，會比想像中低得多，因為如果明天也吃大醬鍋，很可能會「吃膩」。或許，他會為了追求多樣性，讓人生不那麼乏味，而選擇義大利麵或拌飯。

但是，根據研究，隔天也吃大醬鍋的話，會使這個人感到更滿足。因為在吃明天的午餐之前，會先吃今天的晚餐跟明天的早餐，所以即使明天的午餐又吃大醬鍋，他也不是連續吃相同的餐點。那為什麼人不會選擇能讓自己最滿意的選項呢？那正是因為在當下這個時間點，我們無法對未來有明確的想像。

人的大腦無法正確預測未來的二十四小時，預測時，今天和明天之間的這二十四小時會被壓縮，感覺好像時間非常短暫。所以，我們在想像時，會排除未來二十四小時內發生的許多事情，才會覺得今天的午餐跟明天的午餐像是連在一起的兩餐，讓我們不想犯下連續兩餐吃相同食物的愚蠢失誤。

實際上，未來的二十四小時內，至少還會再吃兩餐，中間也會吃些點心、喝酒之類的，我們會去開會、跟朋友見面，經歷很多意想不到的事情。即便如此，在當下的預測中，我們會將這些細節給省略，認為現在和未來是緊密相連的。

要是現在打開冰箱，一定會看到買回來卻完全沒用過的新醬料和食材。越習慣一週採購一次的家庭，越容易累積大量用不到的食材。因為，我們要事先決定好未來一週的菜單，會心想再怎麼喜歡特定的食物「也不可能一直吃」，所以會買些不一樣的食材。結果真的到了吃飯時間，又會準備平時愛吃的食物，最後，當初野心勃勃買回來的特殊醬料、食材，就一直放在冰箱裡。

我們要選擇未來該做什麼時，最好重複選擇自己最喜歡的那一個。比起選擇一個蒐羅各式物品的綜合大禮包，選擇重複的事物能帶來更大的滿足感，這點請各位務必牢記。

禮包暢銷的原因

探病的時候，我們最常帶的東西就是水果籃。眾多水果放在一起，看起來很豐盛又美味，我們總認為這樣對患者有益。不過，很少有人買水果籃給自己，換作自己要吃的時候，反而會只選喜歡的水果，不選水果籃。

我的研究團隊曾做出一項研究結果：相較於購買自己要用的東西，我們購買要送給他人的禮物時，購買的物品會比較多樣。這是因為我們推測，別人對於重複使用相同的物品，會比自己更快「感到厭倦」。[9]

研究團隊假設，一個人必須連續五天吃最喜歡的特定零食，並請一位受試者想像如果這個人就是自己，來預估自己這五天的滿意度。另一位受試者則要在相同狀況下，預估別人的滿意度。結果就如下圖所示，大家預測別人會比自己「更快厭倦」。

原因在於，我們預測其他人未來的狀況時，會產生更嚴重的時間壓縮現象。預測自己的未來時，我們會忽略掉很多因素，不過預測他人的未來卻會忽略掉更多。要想像別人在未來二十四小時會經歷的眾多事情與情緒，是非常困難的。比起

重複吃相同食物的預估滿意度

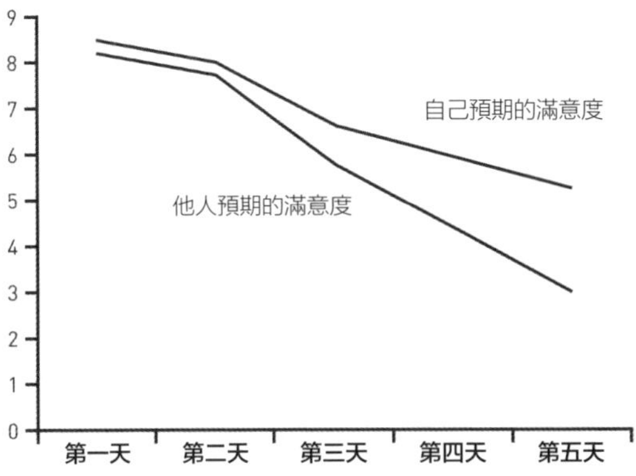

自己的未來二十四小時，我們會認為他人的未來二十四小時更短，所以買禮物時更容易陷入多樣性的誘惑。這也是為什麼送禮用的商品，大多以「禮包組合」的形式推出。

逢年過節或父母生日時，最煩惱的事情就是「這次該買什麼禮物才好」？父母不會透露自己想收到什麼禮物，於是子女每次都會陷入煩惱。這時，人們通常會選擇和過去「不同」的禮物。買春節禮物時，想要準備和中秋節不同的禮物，聖誕節或生日時，也會想送和上次不同的東西。

即使春節與中秋節之間，間隔了五到六個月，但在我們的腦海中，這兩件事情感覺就像接連發生。所以，既然中秋節已經送過了肋排，我們會認為要是再送肋排，父母會「覺得膩」。不過，年節到中秋隔了好幾個月，從父母的立場來看，並不會像孩子想的那樣，對相同的禮物感到厭倦。在這幾個月，父母經歷過多少事情，又吃過多少東西？站在一個特定的時間點去想像未來，會覺得好像連續幾個月一直都在吃肋排，其實距離上一次吃肋排已經過了六個月。我們需要能夠幫助自己釐清這種盲點的智慧。

內心的免疫機制

預測未來時，不僅是存在於現在的事物會帶來影響，不存在於現在的事物，也扮演了決定性的角色。

在這樣的因素當中，最重要的，就是在面對負面事件時啟動的內心免疫機制。如同我們的身體遭遇疾病時，身體會為了自我保護而啟動免疫機制，心理也存在內心免疫機制。當我們身處壓力極大的環境之下，心理免疫機制就會忙碌地運作，給我們超乎意料的力量，幫助我們靠自己克服那樣的困境。可是，在尚未經歷壓力的當下，想像未來的壓力時，我們並不會想到免疫機制啟動這件事，所以我們會過度誇大負面事件所帶來的衝擊。

研究「情感性預測」（affective forecasting）的代表學者，是哈佛大學的丹尼爾．吉伯特與維吉尼亞大學的提姆．威爾森（Tim Wilson）。[10]他們的研究團隊請受試者預測，要是跟現在交往的戀人分手，自己會陷入痛苦中多久；然後又找來真正的失戀者，請他們說明自己現在有多悲慘或多幸福。結果顯示，想像分手的人預期自己將陷入長期的悲傷中，但真正經歷失戀的人，卻比這些人所預測的更快找回幸福。

為什麼會這樣？因為，假如真的經歷失戀，內心的免疫機制會立刻啟動。我們先是批評離開的人，然後自我安慰說兩人一開始就無緣，或是把現在的遭遇詮釋成未來會遇見更好的人。不光如此，為了療癒失戀的傷口，我們還會尋求宗教的協助、開始新的休閒活動、改變髮型等等。正因心理免疫機制這些出色的活動，使我們比預期更快擺脫失戀的逆境。不過，處於幸福中的我們，很難想像免疫機制的存在與活動，才會預期自己一和戀人分手就會陷入長期的悲傷。

要是在比賽中敗給處於競爭關係的大學、支持的候選人落選、沒有獲得升遷，我們當然會沮喪。意外的是，我們會比想像中更快克服大部分的情況。

想要大膽改變髮型，卻始終無法付諸實行的人，其實是害怕改變髮型之後，會有大量陌生視線向自己投來，結果沒有嘗試就先放棄了。實際上，會發生怎麼樣的情況呢？一口氣把長髮剪短時，起初確實會因為他人的視線而繃緊神經，但幾天之後，不就會適應這種改變了嗎？想要對單戀的人告白，後來卻放棄的人，其實是害怕遭到拒絕。實際上會怎麼樣呢？即使被拒絕，多數人比較不會心想「至少還是告白了」，而是更常安慰自己：「他和我的理想型差距有點大」。過了一段時間，那些本以為很了不得的事，全都變得微不足道。

讀完第七章

現在充斥著過去事件的「結果」，讓我們認為過去是可預測的，也讓我們誤以為只要能夠回到過去，就能夠事先預防「人禍」，或是安排最合適的選手，使比賽獲勝。同時，這也讓我們認為，現在是因應過去，自然而然產生的結果。

對過去的這種自信，既是「現在」這個時間點創造出的祝福，也是一種陷阱。唯有從現在的觀點來看，才會覺得過去井然有序。記住這一點，我們就不會高喊「我就知道」，還炫耀自己很聰明、將各種狀況合理化。

現在的我們，充滿對未來規畫的「意志」，以比較樂觀的態度看待未來。從當下這個意志堅定的時刻來看，我們會覺得計畫好的未來將順利進行。當然，我們的確需要以樂觀的角度來看待未來，但我們也必須認知到，自己創造的未來其實充斥著夢幻的想像。

Chapter

08

名稱的框架：聰明消費的阻礙者

左右框架的事物之中，其中之一就叫「名稱」。

在各個領域之中，最深刻受到名稱影響的，就是金錢；

只要冠上特定名稱，就會讓我們用不一樣的方式來使用金錢。

如果能記住這一點，即使我們無法成為超級大富翁，

也能成為有智慧的有錢人。

二〇〇二年的諾貝爾經濟學獎，在經濟學者之間是一個「意外」。原因是，其中一位得獎者丹尼爾·康納曼並非經濟學家，而是心理學家。為什麼心理學家會得到諾貝爾經濟學獎？原因就在於框架。

傳統的經濟學，是建立在「人們知道自己真正想要什麼」的假設。因此，經濟學不會計較是用什麼方法（框架）詢問一個人喜歡什麼、討厭什麼，而是假設每個人的偏好始終不會改變。

舉例來說，經濟學認為，無論是問你喜歡蘋果還是橘子，還是問你比較討厭哪一個，答案應該都要一樣。假設有人第一個問題回答了蘋果，第二個問題的答案就該是橘子。或者，無論某本雜誌的訂閱費是「一年十二萬韓元」，還是「一個月一萬韓元」，人們都會做出相同的決定，假如消費者覺得一年訂閱費要十二萬韓元太貴，因此拒絕訂閱，就不可能覺得一個月一萬韓元很便宜而訂購。

不過，康納曼教授的研究，卻很有說服力地證明了這種假設的錯誤。他透過反覆實驗，證明了一個人的消費選擇會隨著框架完全改變，正是這個研究，讓他贏得了諾貝爾經濟學獎的認可。框架讓諾貝爾獎變得可能。❶

左右框架的事物之一正是「名稱」。人會用自己使用的名稱來評斷這個世界。被冠上「恐怖分子」之名的人做出的行為，會和被冠以「自由戰士」之名的人有本質上的差異。贊成墮胎的人認為墮胎是「選擇的權利」，反對墮胎的人則會使用「生命的權利」之名。最簡單的例子，是希拉蕊．柯林頓的支持度，在她只使用「希拉蕊．柯林頓」的時候，和她加上娘家姓氏「希拉蕊．羅登．柯林頓」的時候，有著明顯的差異（根據CNN在二〇〇六年四月進行的民調顯示，民眾對「希拉蕊．羅登．柯林頓」的喜好，更勝於對「希拉蕊．柯林頓」的喜好，為什麼會這樣，沒有人知道明確的原因）。

在各個領域中，受到名稱影響最大的是什麼？那就是金錢。

意外之財

在市場經濟中，最重要的事實是「金錢沒有名稱」。假設你在超市裡，以一萬韓元購買果汁禮盒。這筆錢如果是來自「薪水」的帳戶，我們就會認定它是一萬韓元；但如果是從書裡面找到的「意外之財」，那在我們心裡，這筆錢的價值甚至不到五千韓元。

人會因為錢的來源，為其取不同的名稱，認為這些錢都不一樣，以不同的方式來使用這些錢。尤其是一旦被冠上意外之財的名稱，「反正本來沒有這筆錢」的框架就會啟動，使我們更容易花掉這筆錢。

下面這個故事，可以告訴我們一筆錢被冠上意外之財的名稱後，在我們心裡會變得多麼渺小，又有多麼容易就被花掉。

一對新婚夫妻決定去賭場，拿著一千美元到飯店的賭場去。享受了幾個小時的時光之後，一千美元便輸光了。夫妻雖然想繼續玩，最後還是擺脫了誘惑，回到飯店的房間。他們對自己的自制力感到十分滿意。

新娘洗澡的時候，新郎什麼也沒想地坐在床上。這時，他注意到梳妝台上，放了一個相當於五美元的賭場籌碼。這是他們為了做紀念，特地留下來的籌碼，籌碼上面的數字十七，就像雷射一樣閃閃發亮著。新郎認為這是好兆頭，於是瞞著新娘偷偷回到賭場，把那五美元全部拿去賭俄羅斯輪盤的十七這個數字。令人驚訝的是，球真的掉入十七，新郎獲得了三十五倍的賠率，一次贏得了一百七十五美元。於是新郎再賭了一次十七，這次贏得六千一百二十五美元。就這樣重複了幾次，最後贏得了七百五十萬美金。新郎再次將所有錢拿去押十七這個數字，這時賭場經理走過來，鄭重地拜託他說「目前現金不夠，請你就此收手」，新郎必須在此停下來。

但那一刻，新郎無法壓抑想測試幸運女神是否站在自己這邊的衝動，於是搭上計程車，前往更大的賭場。在那裡，他再次把所有的錢拿去押十七。驚人的是，俄羅斯輪盤的球再次掉入十七的格子，新郎贏得兩億六千兩百萬美元的鉅款。這次真的該停手了。但是，他卻又試了一次。或許是命運的玩笑，球掉進了十八，他至今贏來的天文數字瞬間輸個精光。一下子失去兩億的新郎回到飯店，新娘問他去哪裡，新郎回答去賭場玩俄羅斯輪盤。新娘問結果如何，新郎以冷漠的表情說：「還好，只輸了五美元而已。」❷

新郎認為，除了一開始的五美元，其他的錢都是意外之財。要是換成辛辛苦苦賺來的薪水，他絕對不會挑戰這麼大膽的賭注。即使失去了兩億六千兩百萬美元的意外之財，他也可以吹噓說「只輸了五美元」，但他明明就輸了兩億六千兩百萬美元。

很久以前借出去的錢，自己忘得一乾二淨，某天突然回收；整理衣櫃時發現的錢、在銀行靜止戶中發現的錢、撿來的錢、獎金、年底結算時被退回的錢……這些錢都像天外飛來的橫財，帶給我們的喜悅無法持續太久，因為我們把這些錢稱為「意外之財」。

有智慧的經濟生活，始於不為任何金錢命名，最好特別避開意外之財這個名稱。如果已經習慣稱呼這些錢為意外之財，不妨聽從社會心理學家湯瑪斯．季洛維奇的建議。

把意外之財存進銀行裡兩個星期。

存放在銀行的時候，那筆錢就會自然而然從「意外之財」變成「存款」，進而達成心理上的洗錢效果，不需要做太多的努力，也會開始珍惜那筆錢。

零錢

另一個不怎麼有智慧的名字，叫做零錢。額度不大的錢，我們會習慣性稱呼為零錢，可是一旦冠上零錢這個名字，那筆錢就會面臨迅速被花掉的命運。

我和家人常去的教會有位已經過世的牧師，每到月底，他就會向教友宣傳刊物，每次他都會這麼說：

「少喝一杯咖啡，就能夠閱讀這本好書。」

即使他不這麼說，虔誠信仰著神的信徒還是會買那本書，來維持自己的信仰生活；但是，像我這種沒那麼虔誠的信徒，就會被「一杯咖啡的價格」給動搖。「一年三萬六千韓元」跟「一個月三千韓元」，雖然是一樣的意思，感覺卻完全不同。原因在於，說法改變了框架。如果以每個月月費的框架來看待，就會覺得這筆錢很小，也就是會將之當成零錢。

對愛喝星巴克咖啡的人來說，「只要少喝一杯咖啡就好啦」；對常搭計程車的人來說，則會自然地聯想到「只要某天改搭地鐵就好」。即使一年的訂閱費加總起來是差不多的，可是以月為單位平均分攤、重新定義後，就會將這筆支出和日常生活中的瑣碎支出相互比較，進而使這筆錢變成零錢。

有報告顯示，相較於標示一整年的訂閱費用，如果標示單本雜誌的訂閱費用，訂閱率會高上10%～40%。從某個時間點開始，大部分的雜誌都強調單本的訂閱費，較少提及一年訂閱費，原因就在於此。同樣的邏輯，觀察最近的健康保險，會經常聽到「一天只要〇〇元就不必擔心」的說詞。要是聽到一整年的保險費，一般人會覺得那是一筆「大錢」，進而產生壓力；但如果以天為單位，重新定義價格，那就會變成「零錢」，讓人覺得只要一杯自動販賣機咖啡的價格就能解決。

哈佛大學的約翰．顧維爾（John Gourville）教授所進行的研究，就讓我們了解零錢框架的威力❸，在行銷中，這個策略稱為「每天幾塊錢」（Pennies-A-Day）技巧。研究團隊跟受試者說，公司提出一個捐贈援助機構的計畫，問職員是否願意捐贈一年。一個方案是年繳（共三十萬韓元），另一個方案則是日繳（一天八百五十韓元）。

究竟，哪個方案的捐贈參與者會比較多呢？分析結果顯示，在年繳的條件下，只有30％的人同意捐贈，但日繳的條件下（零錢框架條件），有52％的人同意捐贈。

難道是選擇日繳的人，比選擇年繳的人更善良嗎？不是。只是他們的「零錢框架」啟動，引導他們產生「做善事比較簡單」的想法而已。有時候，做善事只靠善良的心是不夠的，所以我們需要能引導他人更方便做出善行的框架。

如上所述，零錢框架能引導我們走上善良的道路，有時候也會使我們產生意外的消費。某間雜誌社推出一本新的週刊，他們希望可以勸你訂閱。如果他們提議說，做為創刊紀念，讓讀者以自己想要的價格來訂閱雜誌，你會怎麼做？假設這時他們問你：「單本雜誌的訂閱費（也就是每週）訂在多少，你才會有訂閱的意願」，你會寫多少？如果雜誌社問的是「一年訂閱費多少，你才會有訂閱的意願」，你又會寫多少？

假如框架並不重要，而且你心裡已經有了「合理年訂閱費」的明確答案，這時無論用什麼方式來問你，寫出來的金額照理來說是要一樣的。要是第一個問題你寫一本一千韓元，第二個問題應該要寫五萬兩千韓元（一千韓元乘以五十二週）。但我們的行為卻完全不是這樣。

觀察實際的研究結果會發現，詢問單本訂閱費時寫的金額，計算下來反而是年訂閱費的兩倍。

換句話說，要你寫下合理年訂閱費時，如果你寫五萬兩千韓元（換算下來一本是一千韓元），那麼在寫單本訂閱費時，你反而會寫下兩千韓元（換算成年訂閱費，是兩千韓元乘以五十二週，等於十萬四千韓元）。在單本訂閱的條件下，一星期兩千韓元不過是一杯咖啡的價格，由於產生了這種零錢心理，才會寫出比較高的金額。

因此，聰明的商人會用盡方法，努力把消費者引導到「零錢框架」，信用卡分期付款也是一樣的道理。為了成為有智慧的消費者，我們要將商人的零錢框架，重新轉換為「總價框架」。認為一包香菸不過兩千韓元的人，應該要想想一年花在香菸上的錢究竟有多少；每週買三、四張樂透的人，雖然覺得這筆錢是小錢，但還是需要計算一下一整年或是未來五年的總支出究竟是多少。

韓國為期五年的交通安全分配金退款申請，在二〇〇七年一月二日就到期，共有45%的款項無人申請（相當於五百八十二億韓元），最後這筆錢便收歸國有。總退款額一千兩百六十七億韓元（三千三百萬人）當中，只退了六百八十五億韓元的款項。交通安全分配金是一筆預先課徵的費用，當一個人持有兩種駕照，在取得新的駕照或換發新駕照時，要先預繳九年的費用（共五千四百韓元），而擁有自小客車的車主，則是在定期登記時，要預繳四年的費用（共一萬九千兩百韓元）。這個制度自二〇〇一年十二月三十日起廢止，政府到二〇〇二年十二月三十日前，有一年的緩衝期，在這段期間提出申請者將會獲得退款。每個人狀況不同，可以退款四千韓元至一萬九千兩百韓元不等。

後來，由於納稅者聯盟抗議政府宣傳不足，政府將退款時間延長，但還是有一千七百萬人始終沒去申請退款。大多數人都認為主要原因是宣傳不足，但更根本的原因在於，許多國民認為這筆退款只是筆小錢。

自主繳交同學會會費，或是預設自動扣款，不想繳交者再去取消扣款——哪種情況會收到比較多會費？答案想也知道。預設轉帳之後再退款，對一部分會員來說，這筆會費就是筆小錢。所以那些不會主動繳交會費的人，也不會在預設自動扣款的情況下積極去討回那筆錢。所以，聰明的同學會總務，會選擇先自動扣款收取會費，想要退款的人再申請退款。

但是，這也不代表被冠上「零錢」之名就很不好。只要能夠有智慧地運用這個心理，就能夠達到讓人滿意的結果。希望大家把錢投資在有意義的事情上，讓人產生「一輩子只要一次」的想法，覺得付出這筆錢並不會太有負擔，這樣就好了。

有一次我下定決心，要跟家人一起出國旅行。雖然這筆錢對我來說很有壓力，但一想到「這一輩子很難再有機會這樣旅行」，就會覺得支出這筆錢的壓力變小。

從一個月的家庭收入來看，會覺得這是一筆完全無法負擔的費用；如果從一年的家庭收入來看，會覺得是有一點龐大；一導入「一輩子」這個概念，壓力就會減輕。我們全家人非常享受那趟旅行，至今仍認為當時有成行真是太好了。

人生在世，會有很多事情不如意、持續拖延，或是無法完成。從短期的角度來看，很多事情會拖延，都是因為一種想法：「生活就已經讓人很吃力了，還要做什麼好事，根本是泥菩薩過江，哪有時間去幫助別人。」

然而，如果確信是有意義、有價值的事情，我們就需要把經濟上讓人很有壓力的大錢，轉變成「一輩子只有一次」的概念，讓自己覺得長期來看，這其實是筆小錢。假如能拯救一名即將因飢餓而死的非洲兒童，從一輩子的角度來看，這根本就只是一筆小錢；和家人一起旅行的經費，從一輩子的角度來看，也是一筆小錢。這種改變框架的方式，能夠讓我們擁有更具智慧的人生。

原本的價格

零錢這個名稱，不見得只會拿來形容金額小的錢。被認為是「零錢」的一百韓元，也可能會在不同情況下，被認為是「珍貴的錢」。

康納曼教授與他的同事阿莫斯．特沃斯基（Amos Tversky）教授，在一九八一年發表一篇研究，明白指出了這一點。❹以下是在實驗中所使用的問題，以及稍微修改過後的相似問題，請各位讀者試著回答看看。

〈狀況A〉

你爲了買電視而前往家電賣場，有一個產品你很滿意，價格要一百萬韓元，比想像中的貴，讓你很煩惱。賣場員工說，距離這裡一小時車程的另一間賣場正在特價，去那裡可以用少三萬韓元的價格，買到相同的商品。如果是你，會開一個小時的車，去買可以省三萬韓元的電視嗎？

〈狀況B〉

你爲了買電子計算機走進家電賣場，找到一台喜歡的計算機，價格要五萬韓元，比想像中的貴，讓你很煩惱。賣場員工說，距離這裡一小時車程的另一間賣場正在特價，去那裡可以用少三萬元的價格，買到相同的商品。如果是你，會開一個小時的車，去買可以省三萬韓元的計算機嗎？

大多數面對這個問題的人，都不會為了省下購買電視的三萬元，開車到一個小時外的賣場去；但是，他們幾乎都會為了省下購買計算機的三萬元，選擇開車過去。有些人為了合理化自己的選擇，提出一些自以為是的經濟學理論，主張如果要為了買一百萬韓元的電視，開一個小時的車，只能省下「三萬韓元這筆小錢」，考慮到油錢、耗費的精力、開車時可能發生的事故、其他各種機會成本等，這真的是很不合理的選擇。但是，買五萬韓元的計算機時，這三萬韓元卻變得非常「珍貴」，原本的價格是五萬韓元，現在只要用兩萬韓元就能買到，等於是現賺三萬韓元。甚至還會有人辯稱說現在這個世道，誰會白白多花三萬韓元。

在這兩種情況中，可以節省的錢一樣是三萬韓元。如果你擁有合理的經濟觀念，那麼應該要有「一致的」反應，要不是在兩種情況下都會去便宜的賣場，就是兩種情況下都不去便宜的賣場。買計算機時省下的三萬韓元很珍貴，買電視省下的三萬韓元則是比較不珍貴的零頭，在經濟學課本上是找不到這個法則的。買黃豆芽省下一百韓元，跟買十幾萬韓元的高價品省下一百韓元，這時我們也會陷入一樣的思考模式，會誤以為買黃豆芽時殺價省下一百韓元非常節省，買高價品時殺價則非常小氣。

不過，大部分的人都是這麼做。比起以絕對價格來解讀錢的價值，我們更容易被「原價」這個名稱給迷惑，進而根據相對價值來看待金錢。所以，在買計算機的情況當中，原價五萬省了三萬（60％），算是相對省下較多錢；在電視的情況中，原價一百萬韓元省下三萬韓元（3％），省下來的錢只是非常小的數字。

特價期間會衝動消費，大部分也是因為陷入了「原價」陷阱。原價五十萬韓元的物品，只要二十萬韓元就能買到，讓大家有一種現賺三十萬韓元的錯覺，回到家還會對另一半說「你知道這原本要多少錢嗎」，大聲炫耀自己省下很多錢。但你不是賺了三十萬韓元，而是支出了二十萬韓元；購物結束後，從來不曾發生帳戶裡多出三十萬韓元的奇蹟。消費者總是汲汲營營於尋找原價的標籤，所以聰明的商人大多會在特價商品上標明原價。

真正有智慧的有錢人，會重視物品的絕對價格，拒絕理會兩相比較之下產生的「零頭」。因此，他們即使坐擁上百億資產，依然會認為一百韓元很重要；陷入「相對價值框架」中的人，則會認為黃豆芽便宜一百韓元是賺到，在買十萬韓元的物品時，那一百韓元反而變得微不足道，甚至不會想去計較，要是店家為你折一百韓元，還會讓你心情不好。

文化費用

有一次，我帶孩子去遊樂園，兒子說要買紀念玩偶，我給了他五千韓元讓他去買。看到孩子這麼開心的樣子，我感到心滿意足，沒想到在半路上，他把那個玩偶弄丟了。面對孩子「再買一個」的要求，我回答「為什麼要花整整一萬韓元買那種玩偶」，斷然拒絕。不過，為了安慰他，我帶著愉快的心情買了（比玩偶還貴的）披薩給他。

我想，每個人應該都經歷過這種狀況。為什麼我在這種情況下，會拒絕多付五千韓元買玩偶，卻輕易花掉比玩偶更貴的錢買披薩？答案當然也是因為「名稱」。

現在，讓我們看看下面這兩種狀況：

〈狀況A〉

你用五萬韓元買了一直很想看的音樂劇門票，到了劇場售票處之後，發現票在路上遺失了。現在劇場還有剩餘的門票可買，錢包裡也有足夠買門票的錢，你會再花五萬韓元買票嗎？

〈狀況B〉

你到劇場來看一直很想看的音樂劇，抵達劇場後想買票，卻發現來的路上遺失了現金五萬韓元。現在劇場還有剩餘的門票可買，而錢包裡也有足夠買門票的錢，你會花五萬韓元買票嗎？

A跟B，在哪個情況下你會買票？根據行為經濟學的研究，多數人在A情況下會猶豫是否要再買票，在B情況下卻會爽快地買票，各位讀者應該也不例外。❺兩種情況都是一買音樂劇的票，口袋裡就會少十萬韓元。要說差別在哪，就是A情況是買了兩張五萬韓元的門票，B情況則是遺失現金五萬韓元，另外五萬韓元拿去買票，總共支出了十萬韓元。絕對的金額都一樣，兩個狀況卻會引發極大的心理差異。

在A情況，人們會認為自己在「文化費用」這個項目（或「音樂劇門票費」這個項目）支出了十萬韓元，因此會責備自己「買張音樂劇的票卻要花十萬韓元」，因而對是否要再次購入而猶豫不決。

B情況當中，一開始遺失的現金五萬韓元並不是「文化費用」，而是「生活費用」，所以大家不會認為「買張票花了十萬韓元」，於是可以接受再花五萬韓元買門票。換句話說，在心理上，我們將這兩筆支出分別看成「遺失五萬韓元的生活費」，和「從文化費用當中支出五萬韓元」。

客觀來看，最後都是資產減少十萬元，但是否從兩種不同項目支出的心態差異，會決定你的開銷。因此，如果觀看那場演出對你來說真的很有意義、很幸福的話，即使遺失了門票，也要想成是遺失現金，這樣是比較有智慧的想法。

一日票與季票

高中同學H和S在四天三夜的連假去了滑雪場，他們的下班時間不同，所以在不同時間抵達，分別購買了接下來四天要使用的纜車券。H買了一張四日券，S則分別買了四張一日券。當然，兩個人支付的總金額是一樣的。

他們放鬆享受滑雪的樂趣，到了第三天晚上，天氣突然轉變，下起了雨，此外，由於那是連假的最後一個晚上，所以兩人喝酒喝到很晚。隔天雖然勉強可以滑雪，卻不是享受滑雪的最佳條件。一起去的另外一個N同學提議，天氣不好、身體也有點僵硬，不如早點吃晚餐，早點回首爾，避開人潮。

兩個人都非常喜歡滑雪，前一晚也喝得一樣多，身體狀況差不多。在這樣的狀況下，H和S誰會比較執著於滑雪呢？誰會比較在乎自己已經付出的錢？

兩個人的差別在於購買了不同形式的纜車券。也就是說，一個是四天份的通用票，另一個則是四張分開的單日券。如果真的喜歡滑雪，應該會覺得這沒什麼大不了的，可是這種看起來非常細微的差別，卻使兩個人站在完全不同的角度，詮釋這個狀況。結果是，相較於只買一張四日券的H，買了四張單日券的S更執著於最後一天的滑雪行程。

讓我們來聽聽研究這個主題的索曼和顧維爾教授怎麼解釋❻。假設S買的四張單日券中，每張纜車券的價格是三萬韓元，S每天搭乘纜車就會用掉一張，最後一天他手上還有一張尚未使用的纜車券。所以對S來說，有個「車票一張＝搭乘一天的纜車＝三萬韓元」的等式。他將自己所獲得的服務，與他所付出的金額連結在一起。要是最後一天沒有滑雪，就剩下一張車票，這讓他覺得浪費了三萬韓元。

用十二萬韓元購買纜車四日券的的H，則有不同的狀況。他手上並沒有具體的線索，能讓他認為少搭一天的纜車是極大的損失，也不能要他把手上的四日券切成四分之一。他所獲得的服務，與他所花的錢並沒有非常明確地連結在一起，所以即使最後一天沒去滑雪，也不會明確感受到自己究竟損失了多少。因此，他會說服自己，用十二萬韓元充分享受了四天的假期。

如果曾經購買飯店、機票、餐費、市區觀光四合一的套票，卻因為中途改變行程而少吃一餐或放棄部分觀光行程，應該能對這樣的情況很有共鳴。分開購買的人，會因為沒有用到其中一張票券而感到可惜；以套票方式購買的人，很容易會想「用整體的價格玩得很開心」，即使放棄其中一、兩個景點，也不會讓他們覺得有什麼大不了。

如果你買了運動中心的月票，卻沒有常常去使用的話，現在就立刻逼自己去運動中心，把月票拆成三十張單次使用券吧。你經常沒去運動中心的原因，可能是意志力不足，但也可能是因為買了月票，讓你覺得幾次不去也沒什麼關係。

韓元與美元

假設有個人的身高是一百七十四公分，換算成英尺，大約是五．七英尺。因為單位不同，用公分計算時，會覺得一百七十四是個很大的數字，改用英尺時的五．七則是比較小的數字。但是，這兩個數字確實代表同一個高度。如果這個人因為五．七這個數字太小而不滿意，改口說自己身高一百七十四公分，很可能會遭到嘲笑。

錢也是一樣。錢有實際的價值，跟名義上的價值。一九八〇年代的一千韓元，和二〇〇〇年代的一千韓元，名義上的價值雖然一致，實際價值卻不同。每一個國家使用的貨幣基本單位，也可能造成名義價值較實際價值大或小。舉例來說，一美元相當於一千韓元（為求方便，統一為一千韓元），在外面使用時，會覺得一和一千的差距很大，但實際價值是相同的。所以，在量身高時，不能說一百七十四公分就比較高，五．七英尺就比較小；也不能在用韓元購物時覺得「一萬元」的物品很貴，改用美元購物時就覺得「十美元」的物品很便宜。

假設現在你想在免稅店購買高級領帶，有個地方標示兩百美元，另一個地方標示二十萬韓元，在哪間店買領帶會讓人比較猶豫呢？

根據研究，以韓元計價的時候，比較容易讓人猶豫。當基本單位的價值較高，金額本身變小（也就是使用美元的情況），我們很容易覺得才兩百美元而已，被名義上的兩百這個數字影響。可是當基本單位價值較小，標示出來的金額較大（也就是使用韓元），則會讓人有竟然要二十萬韓元的感覺。實際上，兩百美元與二十萬韓元的價值相同，但錢本身的價值對我們造成了影響，因為基本單位不同，導致我們內心對實際價值相同的錢產生不同的感覺。[7]

如果對這個差異不太有共鳴，我們就假設用羅馬尼亞的貨幣「列伊」來購買領帶好了。一美元相當於二萬四千五百列伊，兩百美元的領帶換算成列伊，就是四百九十萬。即使知道實際上價格是一樣的，我們還是很難掏出四百九十萬列伊去買下那條領帶。這是因為，錢的單位會影響我們看待錢的框架。

到海外旅行的時候，如果可以配合該國貨幣的基本單位大小，改變用錢的方式，就不會在旅行回來後，瞠目結舌地看著信用卡帳單了。假如覺得這樣很困難，也可以在海外旅行要購買東西時，換算成基本單位價值較小的貨幣，就像仁川機場的免稅店，總是以韓元計價而非以美元計價。

信用卡與紅利點數

對錢的框架，也會因為錢的物理形態而改變。信用卡是一張四方形的塑膠卡片，是一種相當於現金的消費手段。跟現金不同的地方在於，付款時間可以稍微延後，不過信用卡某種程度上依然是金錢，繳卡費的時候是用現金繳納，並不是用塑膠繳納。但是，只要手上拿著信用卡，人就會容易掉入「認真工作！認真消費！」的陷阱。

美國有間餐廳曾經在一個星期內，記錄了一百三十五位客人是以信用卡還是現金來結帳，調查了他們給服務生的小費金額❽，並同步記錄用餐人數以及總餐費。接著，他們將用餐金額類似的桌次分類，比較這些客人給的小費，發現比起用現金付費的客人來說，用信用卡付費的客人給了更多小費。用現金結帳的客人，給的小費平均是餐費的 14.95%；用信用卡結帳的客人，給的小費平均是餐費的 16.95%。

在其他研究中，研究人員也給受試者看了幾樣商品，問他們願意用多少錢購買這些物品。在某一個實驗組當中，實驗人員在放有商品目錄的桌上，放置了一個畫有信用卡標誌的物品，另一個實驗組則沒有放置這個標誌。結果顯示，看到信用卡標誌的受試者，願意支付的金額較高。在另一個實驗的例子中，看到信用卡標誌的人，願意以平均 20.64 美元的價格購買男用毛衣，沒看到信用卡標誌的人，則只願意以平均 13.91 美元的金額購買；換成烤吐司機的情況，則是 67.33 美元比 21.50 美元，差異非常大。

換句話說，改變錢的形態之後，支出的規模也會隨之改變。「信用卡＝消費」的公式，強烈地深植在腦海中，光是看到信用卡，就會引發人的消費行為，這是這個研究最驚人的結果。

信用卡改變了錢的物理形態，至於各種點數、里程數，則是讓錢的物理形態完全消失，只變成概念上的「數字」，不會以紙幣、銅板或塑膠等具體的形式存在。但點數在特定的場所，基本上等同於現金。

比起使用具有實體的金錢，在使用抽象的點數時，人們反而會更大方，彷彿點數的價值低於現金似的。或許是因為這樣，在計算總資產時，很少有人連點數一起計算。不僅如此，跟朋友在家庭餐廳吃完飯後，如果要你多付餐費，你可能會感到猶豫，但如果有跟餐費相當的點數，你就會毫不猶豫地使用。同行的朋友中，使用點數結帳的人，甚至不會想到用點數付完錢要找零這件事。這些都是因為，使用點數的人、看到他人使用這種優惠的人，都不認為點數是錢的一種。

讀完第八章

最近的潮流當中，相當令人感到可惜的部分是過度強調理財。當然，我們需要關心理財、跟理財相關的知識，但我們更應該了解，是什麼決定了自己用錢的心態與習慣。理財會帶來財富，我們也要擁有能夠培養正確習慣的智慧。

在這一章當中，我們了解了為錢命名的「名稱框架」有多麼危險。一旦我們賦予錢不同的名稱，我們用錢的方式也會改變。只要記住這個單純的原理，即使無法成為超級富翁，也能成為有智慧的富人。

合理消費的基本，在於不為錢命名。記住，沒有所謂的「意外之財」，也沒有「反正這筆錢原本不存在」或「反正都是要花的錢」這回事，最好也不要抱著「有沒有這筆錢都活得下去」的心態。假如能夠遵照這個想法，就能成為有智慧的消費者。

Chapter

09

變化的框架：左右消費選擇的力量

無論抱持怎樣的框架，都能做出相同的決定，

這種能力正是智慧消費的核心。

覺得自己的選擇有錯時，與其責怪自己的個性，

更需要相當的智慧，去檢視這些選擇是如何影響我們。

要是有人問你，如果因為意外事故而失去手腳或半身癱瘓，你會怎麼做？應該不會有人爽快地回答「這正好」，或是「一開始會打擊很大，但應該很快就會平復」。這是大多數人都不願想像的可怕情況，有的人甚至會搖搖頭不願作答。

不過，根據針對實際遭遇這種不幸的人所做的研究，他們並不像我們想像的那麼不幸，有些人還過得比一般人更幸福。相反地，中了樂透一夜成為富翁的人，卻比我們想像的還要不幸。

對幸福與不幸的想像，會和實際情況有這麼大的差異，是因為人類具有適應意外的能力。人們會以比想像中還快的速度，迅速適應某種「狀態」。就好像走進黑暗的劇場中，一開始會覺得眼前一片漆黑，伸手不見五指，幾秒過後就會開始看見周遭事物，這是同樣的道理。

即使知道成為富翁並不是得到幸福的唯一途徑，大家依然不分你我地努力想賺大錢，原因就在於比起成為富翁這件事本身，成為富翁的過程更讓人快樂。因為，我們很容易適應某種「狀態」，所以對「改變」特別敏感，這是影響我們對於錢財選擇或判斷的另一個核心要素。

選擇的岔路

以下兩個情況中，讀者會選擇A還是B？

〈狀況1〉

假設現在有一百萬韓元的錢。

A 確定可以再拿到五十萬韓元。

B 丟銅板，丟到正面就可以多拿一百萬韓元，丟到背面就一毛錢都拿不到。

你會選擇金額比較小，但確定會有五十萬元入袋的選項嗎？還是機率一半一半，有可能一毛錢都拿不到，也有可能額外賺到一百萬元的賭注呢？

接著我們來看第二個情況。

〈狀況2〉

假設現在有兩百萬韓元的收入。

A 無條件要繳交五十萬韓元。

B 丟銅板，丟到正面就繳一百萬韓元，丟到背面就一毛錢都不用繳。

在這個狀況下，你會選擇哪個選項呢？會雙手奉上五十萬韓元，還是要在可能要繳交一百萬韓元的情況下，去賭那個一毛錢都不用繳的可能性？

如果你是用「狀況框架」來看這個世界，那應該會發現，狀況1與狀況2沒有太多差異。在狀況1選擇了A的你，最後必定會獲得一百五十萬韓元；如果選擇了B，則有二分之一的機率獲得兩百萬韓元。狀況2也是一樣，選擇了A之後，你會拿到一百五十萬韓元，選擇B的話，同樣有二分之一的機率拿到兩百萬韓元。從最後的結果來看，狀況1與狀況2可說是一模一樣。因此，假如以狀況為標準來看這個世界，在這兩種狀況中做出的選擇，自然也會相同。

但是，若以「改變框架」來看這個世界，那麼狀況1與狀況2之間，就存在決定性的差異。狀況1是錢變得比現在的情況多，代表這個問題是從「獲利」的角度來描述。狀況2則是錢變得比現在的情況少，也就是說，這個問題是從「損失」的角度來描述。

根據康納曼教授與特沃斯基教授的研究❶，人在面對問題時，一旦啟動了「獲利框架」，就會採納安全保守的選項，而非勇敢冒險的選項；但要是以「損失框架」來看相同的問題，反而會選擇冒險，而非安全。因此，在上述的狀況1中，選擇A的人數比例壓倒性的高於狀況2。兩位教授將這種效果稱為「框架效應」（framing effect），這個劃時代的研究也讓學界認知到框架的重要性。

這個研究讓我們知道，我們做出冒險的決定或保守的決定，並不是因為客觀來看那是最好的選擇，而是因為框架驅使我們做出這個選擇。因此，在煩惱該如何選擇他人提出的條件時，我們應該要先確定，問題的呈現方式究竟是「獲利框架」還是「損失框架」。

損失的框架與獲利的框架

假設在某間店，以現金購買物品時，價格是一萬韓元，用信用卡消費的話，價格則是一萬一千韓元。如果你是老闆，會如何跟客人說明這一千韓元的差異？請從以下兩個方法當中選擇一個：

① 以現金購買可獲得一千韓元的優惠。
② 以信用卡購買需多收一千韓元的費用。

1和2兩個狀況都是一樣的，但1號選項是以「用現金結帳可獲得優惠」的獲利框架描述，2號選項則是「用信用卡結帳需支付較多費用」的損失框架描述。如果是一個超級理性的人，應該會知道這兩個說法都一樣，並做出一樣的選擇，但比起選項1，大部分的人都是在聽到選項2的時候，選擇用現金結帳。

原因在於，相同分量的損失對內心帶來的打擊，大於相同分量的獲利帶來的滿足感。康納曼教授的研究告訴我們，損失的影響力是獲利的二．五倍。這在心理學上稱為「損失規避」（loss aversion）。相較於用現金購買可以獲得一千韓元的喜悅，用信用卡購買時損失一千韓元，讓人感覺更嚴重，所以大家才會避開第二個情況。

在韓國也很受歡迎的美國影集《欲望城市》中，主角凱莉熱愛蒐集鞋子，尤其熱衷馬諾洛．布拉尼克這個品牌。有天她去朋友家，弄丟了剛買沒多久、價值四百八十五美元的鞋子。原本朋友說要賠償她鞋子的價格，但一聽到鞋子要價四百八十五美元，反而指責凱莉浪費成性，拒絕賠償。凱莉發揮自己的獨特專長，騙大家說自己要結婚，並把結婚禮物登記清單寄給那位朋友（在美國不包禮金，而是新郎新娘親自到特定的賣場去，登記自己想要的禮物，賓客再從中挑一個來贈送）。當然，凱莉在馬諾洛的店裡登記了想要的禮物，而且只選了那雙弄丟的鞋子。無可奈何之下，朋友只好買那雙鞋子送她。

雖然我們不像凱莉對鞋子有驚人的執著，但其實也相去不遠。有的鞋子在店裡試穿覺得合腳，隔天穿上卻覺得腳痛，這時我們會有以下行為：

①鞋子越貴越願意忍受疼痛，就算勉強自己也要穿那雙鞋出門。

②不太合腳，決定再也不穿那雙鞋，但越貴的鞋越捨不得丟。

芝加哥大學理察．塞勒（Richard Thaler）教授的評論，就讓我們知道人類對損失或浪費的厭惡程度多麼強烈。❷讓我們來看看一個有趣的例子：

在二〇一六足球歐冠盃正如火如荼開打的時候，某大學生在超市買了微波義大利麵，打算邊看比賽邊吃。剛好超市正在舉辦五折優惠活動，他用三千韓元的價格買到這項商品。

但是，跟朋友一起看比賽好像更有趣，所以朋友一打電話來，他就爽快地答應了。他去超市買朋友要吃的義大利麵，卻發現特價已經結束。他無可奈何，只能以六千元的原價購買義大利麵。

回家之後，他配合比賽時間，用微波爐加熱這兩盤義大利麵。沒想到，朋友卻打電話來說突然有事來不了。當下，他的肚子也不到非常餓，實在沒辦法吃掉兩盤義大利麵。

如果是你，這時會吃哪盤義大利麵呢？都是一樣的義大利麵，是要隨便選一盤來吃嗎？還是會吃半價買來的那盤？或是選擇原價購買的那盤？最合理的答案是「無論吃哪一盤都可以」。但很多人會想，既然都用原價買了，那就吃原價那盤，因為這樣比較不浪費。

冷靜下來仔細想想，義大利麵的錢都已經付出去了，用經濟學的用語來說就是「沉沒成本」（sunk cost）。我們並不會在吃掉六千韓元的麵之後拿回一部分的錢，更不會因為吃了三千韓元的麵而蒙受損失，但是很多人還是會感到惋惜，因此認為應該要吃原價購買的那盤。這是打從心裡拒絕讓自己有所損失。

以可惜為由繼續做某件事或繼續投資，這種典型的不合理行為，是源於我們內心深處對損失的恐懼。如果你曾經僅僅因為可惜，就硬是把剩下的食物吃完，也肯定曾經在吃完後面對排山倒海而來的自責感，以及為了肚子上的肥肉而感到後悔。這便是我們過度恐懼損失所帶來的弊端。

維持現象的執著

試著想像一下，某天，你身邊出現了下列這兩個幸運的情況：

〈狀況1〉

你對理財很有興趣，但這段期間沒存什麼錢，所以沒做什麼投資。不過，你意外地從大伯父那裡獲得一筆可觀的遺產，你正在煩惱該怎麼投資，情況如下：

①A公司的股票

- 未來一年價格漲三成的機率是50％
- 價格下跌兩成的機率是30％
- 價格沒有變動的機率是20％

②B公司的股票

- 未來一年價格漲一倍的機率是40％
- 價格下跌四成的機率是30％
- 價格沒有變動的機率是30％

③國債：一年幾乎確定可以保障獲利9％
④地方債：一年可保障獲利約6％（免稅）

如果是你，這四個選項會各投資多少？
接著，再假設狀況如下：

〈狀況2〉

你對理財很有興趣，但這段期間沒存什麼錢，所以沒做什麼投資。不過，你意外地從大伯父那獲得一筆可觀的遺產，這筆遺產全部都是「A公司的股票」。現在你正在煩惱是要繼續持有這些股票，還是要拿去換成新的有價證券，你正在考慮的選項有四個：

①A公司的股票

- 未來一年價格漲三成的機率是50%
- 價格下跌兩成的機率是30%
- 價格沒有變動的機率是20%

②B公司的股票

- 未來一年價格漲一倍的機率是40%
- 價格下跌四成的機率是30%
- 價格沒有變動的機率是30%

③國債：一年幾乎確定可以保障獲利9%

④地方債：一年可保障獲利約6%（免稅）

上述的情況，是經濟學家威廉．薩繆爾森（William Samuelson）和理查．澤克豪瑟（Richard Zeckhauser）在實驗中提供給受試者的問題。❸兩個狀況中，給的選項一模一樣，差別只在第一個狀況的遺產全是現金，第二個狀況的遺產則全是A公司的股票。換句話說，在第一個狀況，A公司的股票是一個全新的選擇，在第二個狀況中卻成了「目前的狀態」。這個研究主要關注的重點，是受試者對「A公司股票」的選擇。

如果在狀況1決定購買A公司股票，那麼換成狀況2時，就會選擇不用做任何更動。相同的原理，如果在狀況1決定不買A公司的股票，那麼在狀況2，則應該會賣掉A公司的股票，選擇其他的選項。

但是，薩繆爾森與澤克豪瑟兩位教授發現，當A公司股票是「目前的狀態」時，選擇持有A公司股票的可能性，高於A公司股票為「全新的選擇」時的狀況。這樣的現象，不限於手中已經持有A公司股票的情況，將任何一個選項替換成目前的狀態，人們選擇維持現狀的傾向都會比較強烈。

這個研究結果讓我們知道，不管是怎樣的提議，當該選項是「全新的選擇」時，我們並不會選擇它；但如果該選項是「目前的狀況」，人們便會選擇維持現狀，而非改變。這代表，我們想要繼續維持什麼狀況時，很可能不是因為那個決定從客觀來看是最好的結果，單純只是因為「現在就是這樣」。

最近我聽到一個小插曲，讓我了解到這種框架的效果多麼強大，在現實中又是多麼直接地運作、影響我們的生活。

有一個上班族被外派到國外一年，這使他陷入長考。是要賣掉現在居住的江北區公寓（市值五億韓元），拿這筆錢到江南，買間更貴的公寓出租？還是要直接把現在的公寓出租？他諮詢了同事的意見，大家異口同聲地建議，去江南買房子轉租出去，甚至有人說，這種問題根本不需要思考。可是，這個上班族煩惱到最後，還是決定就直接把手上的房子轉租出去，然後前往國外就任。

這個人做出這樣的選擇，是因為太謹慎、太膽小嗎？不是。是因為對他來說，江北的公寓是「目前的狀態」，對同事來說，則是一個中立的提議。如果這個上班族的情況是「手上有現金五億韓元，要被外派到國外一年」，他或許會做出完全不同的決定。

我們該緊張的原因就在這裡。人生在世，要定期做出的選擇、要訂閱哪些報紙、要喝哪種牛奶、要買哪支手機、要選哪款汽車、要買什麼保險……每次做這些決定的時候，我們多半不會把正在使用的產品和服務，定義成「全新的中立選項」，也因此選擇持續使用同樣的產品、同樣的服務。

為了做出有智慧的選擇，我們需要將與現狀相符的選項，重新定義成「中立的選項」。目前使用的物品或服務，甚至是目前的工作，如果都能重新定義為中立選項，或許很多選擇便會不同。

擁有效果

理查．泰勒教授任教於康乃爾大學的時候，曾經在上經濟學課時，將印有康乃爾大學校徽的紀念馬克杯，分送給一部分的學生。因為是從所有人當中隨機抽籤贈送，完全沒有證據顯示拿到馬克杯的學生比較貪心，或是特別珍惜馬克杯。

在那之後，泰勒教授開了一個拍賣，要那些拿到杯子的學生，寫下願意用最低

多少價格轉賣給其他學生，同時也請沒拿到杯子的學生，寫下願意用多少價格購買那個杯子。❹

泰勒教授從這個實驗中獲得的結果非常有趣。擁有杯子的學生，寫下的售價平均是5.25美元；想買杯子的學生，寫下的售價平均只有2.75美元。都是相同的杯子，為什麼想賣的學生所出的價格，比想買的學生高？因為這並不是花錢買的杯子，很難說這是想要賺回本錢的心態。

會有這種差別的原因就在於框架。擁有杯子的學生賣掉杯子，對他們來說是一種損失，對想要買杯子的學生來說，這是新的獲益。對賣方學生來說，那個杯子已經是「我的杯子」，但對買方學生來說，杯子只是「杯子」而已。前面已經敘述過，損失的痛苦大於獲益的喜悅，所以原本擁有杯子的人，會為了補償自己的損失，向購買者要求較高的報酬。銷售價與購買價的差異，就稱為「稟賦效應」（endowment effect）。

不管是什麼，只要是屬於你的物品，在你心裡的價值就會提升。即使是放在一旁未曾使用的物品，還是很難免費送給別人。買賣二手物品時，雙方會因價格而產生爭議，也是理所當然的事情。用「屬於我的」的脈絡來看事情的人，和用「東西還不屬於我」的中立角度看事情的人，在心理上感受到的物品價值截然不同。

因此，批判二手賣家貪心、自私之前，應該要想想如果買下那樣東西，我們是否會變得跟這些賣家一樣。買家出一個低到荒謬的價格買下自己的二手物品時，也同樣要換位思考，在責怪對方貪心、沒有眼光之前，應該要想想無論是誰，在擁有那項物品之前，都會和這位買家用相同的脈絡看待這項物品。

建造嫌惡設施之前，該地區的居民與政府或企業之間會因為補償款而爭吵不休，原因之一也是這種觀點的差異。對當地居民來說，「土地」並不只是土地，而是「我的土地」；空氣汙染帶來的健康威脅也不是一般的威脅，而是直接威脅到「我的健康」、「我的環境」。然而，在其他地方的居民或政策規畫者眼中，會覺得這就只是「土地」、只是「環境」、只是「健康」而已。因此，在理解這種不同觀點造成的心理差異之前，我們不能一味批評當地居民是因為自私，才要求更高的補償。

先消費後付款的威力

一對夫妻無法克服家庭不和睦的問題，決定離婚，兩人正在爭奪獨生子的撫養權，誰也不願意將撫養權讓給對方，而且雙方積怨已深，關係惡化到無法進行任何對話的程度，最後只好對簿公堂。

如果你具有這個案件的陪審資格，根據以下提供的資訊，你會將撫養權判給家長1還是家長2呢？假如提供「父親／母親」這樣的資訊，可能會影響客觀判斷，在此就只以家長1和家長2來區分。

〈家長1〉

- 收入水準普通
- 健康狀態普通
- 工作量普通
- 跟孩子之間的關係普通
- 社交生活水準普通

〈家長2〉

- 收入水準高於平均
- 有小小的健康問題
- 工作上經常需要出差
- 跟孩子之間相當親密
- 社交生活十分活絡

根據普林斯頓大學埃爾達・沙菲爾（Eldar Shafir）教授研究團隊的研究結果，約有64％的人，會決定把撫養權判給家長2。❺

假設，法官問陪審團的問題不是「要把撫養權判給哪位家長」，而是「不該把撫養權判給哪位家長」，會有什麼結果？假如問問題的方法（也就是問題本身的邏輯）不重要，應該會出現相同的答案。換句話說，因為有64％的人決定把撫養權判給家長2，那應該會有36％的人認為，不可以把撫養權判給家長2，不是嗎？可是，從實際的結果來看，有55％的人認為不能將撫養權判給家長2。這樣就演變成，超過一半的人認為應該把撫養權判給家長2，同時也有超過一半的人認為不能把撫養權判給家長2。

怎麼會有這麼矛盾的結果？讓我們來看看陪審員的立場。如果是問「不能把撫養權交給哪位家長」，找出「缺點」的思考邏輯就會啟動，所以會注意到家長2常常出差、社交生活很活絡，跟子女共度的時間自然會受到限制。

但如果是問「該把撫養權交給哪位家長」，找出「優點」的思考邏輯就會啟動，這時當然會注意到家長2。這個人收入多、跟孩子的關係也很親密，把撫養權判給這個人看起來是比較好的選擇。諷刺的是，即使是同一個人，也會因為思考邏輯，同時認為家長2適任又不適任。就好像喬治．布希在美國總統的民調中，是二〇〇六年最出色的英雄，但也是最可惡的人（這個調查將布希選為惡人中的惡人，甚至超越賓拉登）。

這種巧妙的框架效應，也適用於先消費後付款的行銷方式。購買預付制的物品時，消費者會因為怕選錯，而啟動尋找商品優點的思考邏輯。藉由思考「該商品是否有值得購買的優點」、「該商品是否現在非買不可」，仔細盤算，謹慎消費。不過，採用後付制時，思考邏輯則是「這個物品是否有決定性的瑕疵，導致到時可能需要退貨」，也就是自然地變更為尋找商品缺點的思考邏輯。

其實，如果沒有發現嚴重的瑕疵，我們就不會去退貨。訂購後付制商品時，很容易認為不滿意只要退貨就好了。但是，訂購的物品到手之後，顧客的思考邏輯就會從「有非買不可的價值嗎」，轉變為「有必須退貨的重大瑕疵嗎」。因此，如果沒事，顧客是不會退貨的。

如果想保護自己不為這種後付制的誘惑所苦，最好的方法就是收到商品之後，也要繼續以這樣的方式思考：「這物品有什麼十分亮眼的地方，讓我非買不可嗎？」一絕對不能隨隨便便地改成：「有什麼很明顯的瑕疵，非得退貨不可嗎？」

假如你也曾經在特價期間因為商品便宜，抱著「不喜歡之後再退貨就好」的想法，大肆購物，最後卻一件也沒退，應該會對這個道理深有同感。要是不想再犯下這種失誤，那麼無論身處什麼狀況，都必須堅持告訴自己，要做最好的選擇。

讀完第九章

要做選擇、下決定的瞬間，一定要問自己的問題是：「我所做的選擇或決定，真的是最好的嗎？或者其實是狀況在不知不覺間影響了我的選擇？」我們需要足夠的智慧，讓自己擁有能力，無論在什麼樣的情況下，都能做出相同的決定。

如果自己做出的選擇太過保守或和現狀一致，應該做的不是責怪自己謹慎的「個性」，而是檢視這樣的選擇是源於什麼思考邏輯。如果會基於「先買起來，不喜歡之後再退貨」的心態，不斷衝動購物，應該做的不是責怪自己「隨便」的個性，而是要察覺，售貨人員親切的銷售話術：「客人可以先買回去，不滿意隨時再拿回來退」，背後有著什麼巧妙的思維。我們的消費選擇，就是一場與思維邏輯框架的無聲戰爭。

Chapter

10

智者

的

十一個框架

生活中遇到的狀況都是單方面被賦予的，

然而，面對狀況的思考邏輯，必須完全由我們自己來選擇。

選擇、決定最好的處理態度，

就是我們人性的最後堡壘與道德義務。

牧師兼神學家查爾斯．司蘊道（Charles Swindoll）主張，生活中遇到的客觀事實，總體來說其實只占10％，剩下的90％都是我們對那些事情的反應。從奧斯威辛集中營倖存的精神科醫生維克多．弗蘭克（Viktor Frankl）曾說❶：

「你能夠奪走一個人的一切，唯有一種自由無法奪去。那就是，無論身處什麼樣的情況下，該抱持哪種人生的態度，以及做出選擇的自由。」

如同弗蘭克所說，生活中遇到的狀況，都是單方面被賦予的，然而面對狀況的思考邏輯，必須完全由我們自己選擇。選擇、決定出最好的處理態度，就是我們人性的最後堡壘與道德義務。

在本書的最後，我將介紹十一個方法，幫助大家成為真正更有智慧、更自由的人。

一、建立一個「意義框架」

根據做事的時機，會影響我們是以「這件事極具意義」的角度思考，還是以「這件事情要經歷眾多繁瑣步驟」的角度去思考。❷

舉例來說，想像六個月後，你要照顧年幼的侄子一整天，相信你一定會產生許多正面的想法，覺得這是「跟親愛的侄子度過的寶貴一天」、「家人之間的愛」、「與純潔靈魂的交流」，確信自己能夠勝任這個工作。再來，試著想像現在立刻就要做這件事。你可能會一邊想著「要換尿布」、「要餵副食品」、「要怎麼哄睡在哭的孩子」，一邊覺得有點尷尬。

即將結婚的情侶也是，在結婚前幾個月，都是以「靈魂的結合」、「人生的伴侶」等抽象的意義，興奮地看待結婚這件事。等結婚典禮步步逼近的時候，則會開始思考「嫁妝」、「戶外拍婚紗照」、「誰要開車到機場」等具體又瑣碎的問題。在這個過程中，結婚的深刻意義就被現實的程序所掩蓋。

新年的新目標只做個三天就放棄，也是相同的原因。下定決心的瞬間，會覺得這件事情是一件很美好的事，真的開始實踐之後，卻不知不覺間轉變成負面的態度。

這是人類追求平均的特徵，但為什麼我們只想要符合平均呢？為了成為一個真正有智慧的人，無論是未來還是現在，我們都要以好的思考邏輯去看待。我們必須知道日常生活中的每一個行為，都是為了遙遠未來而做的事情，並養成習慣，以意義為中心去看待事物。

假如為了判斷一個人的價值，而問對方「你十年之後想過怎樣的生活」，這並不是個有智慧的問題。因為，面對十年後這麼遙遠的未來，每個人都會很美好地想像自己的理想生活，所以很多人會回答：「十年後應該會和家人一起出國旅行，週末參加藝文活動，偶爾幫助生活比較不好的鄰居。」

可是，如果想知道自己的配偶、新進員工是怎樣的人，就應該要問「明天你想過怎樣的生活」。如果他除了遙遠的未來之外，也會以意義為中心看待明天，就表示他對家長來說是子女最理想的配偶、是公司的人才。

二、堅持「接觸框架」

假如要人回想太過久遠以前的事情，大多會後悔當時沒做某些事情。學生時代沒有認真讀書、沒有讀太多知識學習類的書、沒有認真運動、沒有認識更多朋友……等等，不斷懊悔過去沒做好的事。這一個原因在於，從短期觀點來看，比起後悔什麼事情沒做，我們更容易後悔自己已經做過的事。然而，從長期的觀點來看，比起後悔已經做過的事，我們更容易後悔那些自己當時沒做的事。

幸福與成功，是具有「接觸框架」的人才能享有的。已故的鄭周永會長將「試過了嗎」這句話像口頭禪一樣掛在嘴邊，就展現了接觸框架的精神。

如果有想做卻猶豫不決的事，現在就要勇敢實現。由於家庭因素，無法全家人一起旅行的話，最好立刻去一個不需要花太多錢的地方旅遊；有想告白的心儀對象，也不要猶豫到底要不要告白，即使會被拒絕，即使會有好長一段時間後悔為何要告白，會因為心裡受的傷而感到痛苦，但還是先去告白吧。因為，如果沒有告白，未來就會後悔當初為什麼不告白。

不要抱持太過強烈的自我防衛心，要努力地接觸外在世界。靠近別人的時候、接觸新事物的時候，我們都必須堅持這樣的態度。如果感到害怕，那你要記住，雖然會因為接觸而後悔，可是經歷了一定的時間之後，這樣的後悔就會消失。如果從未嘗試過，後悔就會隨著時間越來越深刻。

三、擁有「此刻當下」的框架

人有將當下定義為「準備期」的傾向。我們認為，現在是為了更美好的未來做準備，所以需要不斷做出犧牲；認為現在不該享受、滿足，而是應該要忍耐、堅持。所以，面對期中考考得很好的小學子女，父母所做的通常不是稱讚，而是告訴他「期末考更重要」，增加孩子未來的負擔。子女期末考考出了好成績，父母又會說「上國中考得好才是真正的實力」。這樣一來，無論是孩子還是父母，都放棄了當下應該享受的喜悅與快樂。經過這樣的過程，在大學考試中考出好成績，又會再說「到大學還能有好表現才是真正的優秀」。

大學要為了職場犧牲，職場生活要為了老後的生活準備、犧牲，老了以後又要再為了子女、為了孫兒犧牲。人生的整個過程，都用這種方式進行。

通往幸福的路，其實就始於充分享受、感激當下。根據心理學研究，幸福的人是那些記得自己、家人和朋友的生日，並且主動慶祝、分享喜悅的人。

英文的 savoring 這個單字，代表的是「捕捉現在這個瞬間，盡情享受當下的行為」。對於現在，我們需要的思考邏輯並不是「為了未來預作準備而犧牲的時期」，而是 savoring 的對象。❸

不要以「隨便吃個一餐」的心態，來帶過當下相當重要的一頓飯，要試著品味每道料理當中的食材。如果有值得恭喜的事情，就告訴身邊的朋友，盡情接受他人的恭喜、盡情恭喜他人。用「享受當下」的態度，充分享受這一刻。

四、拋開「比較框架」

真正內心的自由，是不拿自己與他人比較。根據我所屬的研究團隊所做的研究，即使對象是比自己差的人，只要太頻繁和他人比較，也會對精神健康有不好的影響。❹

我們的研究團隊用了三週，每天確認學生當天是否跟別人比較，比較的話頻率有多高、在哪個領域比較等等，並且要學生自己評價當天的幸福指數。結果顯示，越常和別人比較的學生，當天的心情與幸福感就越低。無論是和比自己好或比自己差的人比較，次數越頻繁，幸福感就下降得越多。

人類產生滿足感的最佳狀態，就是不比較的時候。愉快的用餐場合、和家人共度的假期、跟朋友快樂的談天、讀書的喜悅、從事喜歡的休閒生活……光是這些都能讓人感到滿足。這些事情越多越讓人開心。不過，如果比較的意識開始入侵這些事情，真正的滿足便會消失。「別人經常外食」、「大學生應該要從困難的古書開始讀吧」、「我們全家去東南亞旅行」，這種比較會讓人產生「要比別人更多」、「要比別人更好」的想法。和他人的比較，就像詩人鄭浩承所說的，把自己的生活變成了「疲憊地展示人生」。

在比較的邏輯之下，學習的喜悅與挑戰精神也會被剝奪，會讓我們覺得，只要自己做得好就可以了。因為，比起盡全力去學新的事物，讓別人覺得我做得很好更重要。

即使還很陌生，但相較於勇於嘗試（比別人更勇於嘗試），「只要有好表現就好」的心理，終將阻礙我們的成長與發展。

那麼，難道沒有更具建設性、更具智慧的比較嗎？根據我們團隊的研究結果，與其橫向和不同的個體比較，縱向和過去的自己或未來的自己比較，是比較好的選擇。

知道現在和過去相比，自己有多少成長，看看自己是否接近夢想中未來的面貌，這種跨越時空的自我比較，比和他人比較更有建設性。

我們不能用「和他人比較」的方式來看待這個世界。即使表現得比其他人更好、在物質上比別人擁有更好的享受，這些滿足都只是一時的。比起這些，我們更應該追求「最好的自己」，這才是通往真正幸福的道路。

五、使用樂觀的語言

一個人使用的語言，決定一個人的思考邏輯。因此，為了改變思考邏輯，首要之務就是改變語言的使用，尤其是使用樂觀的語言，這是最不可或缺的。

一九三二年，一百八十位年輕女性成為美國修女。她們在那感動的瞬間，寫下介紹個人生平的見證文。這一百八十位修女所寫的見證文，在七十多年後傳到了學者手裡，研究人員分析了這些文章中使用的單字和句子，推測每一篇見證文呈現了多麼樂觀正面的情緒。有些修女會經常使用「非常幸福」、「真的很高興」等字眼，有些修女卻不太會用言語表現自己多幸福、多開心。驚人的是，用詞非常正向樂觀的前25％修女當中，有90％活到了八十五歲，正向樂觀用詞較少的最後25％修女當中，只有34％還健在。❺

每天使用的字句，隱藏著我們是否能夠長壽的訊息。所以，感謝、感動、喜悅、心動、滿足……這些詞彙必須充滿我們的人生，更要讓孩子也經常表達這些話。相反地，「每個人不都是混口飯吃嗎」、「這樣不好嗎」的句子，或是「隨便、都好」等詞彙，要盡快從我們的字典裡刪除。這些用詞，會讓我們的決心從「最好」（Best）瞬間變成「夠好了」（Good enough）。

聽到別人說出這麼厭世的話，心裡許多對美好的追求瞬間消失，曾經有這種體驗的人，就會對這種說話方式的傳染性多可怕深有同感。尤其是父母、老師與上司，絕對不可以在子女、學生和下屬面前說這樣的話。

習慣性說出這種話，不會讓聽者的心態變成「好還要更好」，反而會引導他們產生「差不多好就好」的心態。我們必須習慣使用積極樂觀的語言，創造積極樂觀的思維邏輯。

六、找出你想模仿的人

我喜歡的顏色、我喜歡的歌曲、我喜歡的演員、我喜歡的……在這個列表中，是否存在「我喜歡的故事」呢？我們生活在這個世界上，每天都在接觸無數的「故事」。

無論怎樣的組織，都一定流傳著如同神話的存在，譬如傳說中的CEO，這是建構組織認同的重要元素。「英雄」的故事也存在於每個社會中，這些故事，是為了創造未來的英雄而存在的。如同父母親讓孩子、社會或組織成員聽特定的故事，期待藉此改變他們的人生，我們也必須讓自己聽一些特定的故事。如果有讓你感到慷慨激昂、熱情如火的感動故事，請你銘記在心。

假如並沒有讓你印象深刻的故事，我建議可以使用小說家梅西．米勒（Marcia Muller）的方法。米勒二〇〇一年在《紐約時報》刊登〈作家對寫作的建議〉，講述了她小說裡的主角秀蘭．麥康和自己有多相像，也具體說明自己是如何變得跟麥康越來越像。❻麥康是一位探長，米勒依照自己夢想中的理想面貌，來刻畫麥康這個角色，然後刻意努力讓自己像麥康一樣。

「她很高、很瘦、很勇敢。和不太容易找到工作的『我』正好相反，她有一個很棒的職業。雖然我連打字都不太擅長，她卻具備了射擊、柔道、烘焙等各種才華，甚至會修理汽車。無論是安全還是危險，她會不分時間地點，隨時向人提問。而我就連打通電話去問時間，都會感到緊張、害怕，甚至抖個不停。」

曾經長期失業的米勒，努力變得像自己創造出來的小說人物一樣，最後真的讓自己變得更像那個人物，她是這樣寫的❼：

「雖然我的身高並沒有變得像她一樣高，但我瘦了下來，變得苗條，也變得比較勇敢。雖然無法用38口徑的手槍逮捕犯人、無法用柔道制伏歹徒，卻比以前更有自信。在寫小說的過程中，我也學會了無論目的地安全還是危險，都會前去詢問。感覺就像我獲得了屬於自己的獨立自主。」

如果你有想要效仿的對象，你需要閱讀他的傳記、自傳，刻意努力模仿、實踐他的行為。如果沒有這樣的對象，那麼可以像米勒一樣，創造理想中的自己，持續讓自己接觸那個角色的故事，這樣一來，就能將想像中的故事變成現實。

七、更換身邊的物品

放在身邊的物品，並不只是因應現實生活的需求。前文介紹過一個研究發現，如果在放有商業相關物品的地方玩「遊戲」，玩家的競爭心態會比較強烈。如果想要有競爭心理，就要在身邊放置許多能誘發競爭意識的物品。

如果想要誘發他人有良心的行為，在家中放置鏡子是最好的。學生時代考試時，每個人都經歷過這樣的狀況：即使鐘響了，還是沒辦法把筆放下，想要多解幾題，甚至還會試著偷看前面同學的答案。

美國伊利諾大學的艾德·迪納（Ed Diener）教授所進行的研究，告訴我們在鏡子面前，這種違規行為比較不容易發生。❽在這個研究當中，迪納教授讓一組學生面對鏡子解題，另外一組學生背對著鏡子解題，藉此觀察哪一組學生在考試結束後還會繼續解題。最後發現，背對鏡子的組別中，違規的學生較多。因為鏡子不只是映照出外表的物品，也是會引發良知與道德的象徵性角色。

把想要效仿的人物照片掛在眼前、帶在身上，也是一個方法。把自己視為典範的照片掛起來，會促使我們想要像那個人一樣思考、像他一樣做事。有些研究結果顯示，光是想起大學教授，就會讓人更容易解出問題。適當選擇、安排身邊的物品，能夠超越單純的居家設計，是一種更具智慧的心理設計。

八、比起「擁有框架」，更該具備「經驗框架」

為了擁有而做的消費，和為了經驗而做的消費，就像用刀子切水一樣，是無法切割清楚的。購買書桌的時候，目的可能是為了擁有書桌，也可能是為了未來坐在書桌前的知識經驗。無論是哪種消費，都混雜著這兩個元素，也正因如此，我們可以刻意將消費的思考邏輯，引導成「為了經驗」而消費。

比起為了擁有而消費，為了經驗而消費時，感受到的幸福會較大。比如說，吃東西的時候，比起「只是習慣性吃東西」這個想法，我們更應該追求細細品嘗食物當中的食材，追求身為一個美食家的經驗。看電影的時候也是，我們不應該認為只是去看一部很流行的電影，要想成是去欣賞一部人類的想像力創造出來的作品。

要特別記住，比起為了自己，為他人而消費會更讓人感到幸福。根據我們團隊所做的研究，相較於為自己消費，人們為了和別人分享而消費時，感受到的幸福更龐大。❾

為了活出自在的人生，我們必須為自己消費；不過，如果真的想體驗更高層次的幸福，就應該盡量為他人消費。我們需要換個角度思考，明白為他人付錢並不只是單純的禮尚往來，而是讓自己更快樂的幸福維他命。

九、具備「跟某人一起」的框架

心理學當中，被稱作「幸福先生」或「幸福之王」的幸福專家艾德．迪納教授，和正向心理學的另一位大師馬丁．賽利格曼（Martin Seligman），曾一同發表一篇名為〈非常幸福的人〉（'Very Happy People'）的論文。[10]

研究中，迪納與賽利格曼以兩百二十二個人為對象，推測他們的幸福程度，接著以該分數為依據，集中分析前10％自認非常幸福的人的特性。這10％回答自己非常幸福的人，和剩下那些人最大的差異在哪呢？是金錢、健康、運動、宗教嗎？都不是。最大的差異在於「關係」。比起較不幸福的人，最幸福的人獨處的時間較少，喜歡把時間投資在和別人見面，社交生活非常活絡，幾乎是無時無刻都和不同的人在一起，在朋友之間也被認為是人際關係非常好的人。有趣的是，這兩百二十二人中，前10%最幸福的二十二人，有二十一人在調查當下都有異性朋友。

最近，我們的社會被「住在哪裡」的思考邏輯給襲捲。甚至可以說，在哪裡居住、在哪裡購物、在哪裡吃飯，這些地點支配著韓國人的生活。但是，很多心理研究都明確告訴我們，問題不在於「在哪裡」，而在於「和誰一起」。有特殊興趣的人、克服險峻逆境的人、能夠共享自我人生滿足感的人，幾乎毫無例外地，都經常強調「和誰一起」。

研究這本書的主題「框架效應」，並獲得諾貝爾獎的心理學家康納曼教授也不例外。他在博士後研究的過程中，遇見了一輩子的好友兼同事特沃斯基。這次相遇，改變了康納曼的研究主題，也幫助他贏得諾貝爾獎，為心理學和經濟學的學術研究開啟了新的篇章。

我至今都無法忘記我指導教授的眼淚。特沃斯基教授因癌症離世時，美國史丹佛大學舉辦了學術大會緬懷他。大會上回顧了他在各領域創下的功績，在心理學界，是由我的指導教授、《思維的疆域》（*The Geography of Thought*）作者尼茲彼（Richard Nisbett）教授發表。尼茲彼教授在發表前幾天，在幾位學生與教授面前進行彩排，那些學生也包括我在內。彩排的時候，他回顧自己如何認識康納曼與特沃斯基教授，這樣的相遇對他自己以及心理學有什麼樣的影響，過程中，他忍不住哭了出來。那些淚水是同為學者，對故人離去的深深悲傷與惋惜，也是真心為了他的學術成果表達感謝與尊敬。我的指導教授是來自美國德州的典型白人，總是很冷靜，自己也已經是世界知名心理學大師，我透過他的淚水，真切感受到「改變人生的相遇」具有怎樣的威力。

即便到了現在，當時的感動還是不斷湧上心頭，讓我不斷思考身邊是否有這樣能讓我流淚的同事，或是當我離去之後，是否也有同事和學生會這樣為我流淚，真希望我身邊也有這樣的人。

有些人光是待在身邊，就會讓人感覺靈感源源不絕，和這樣的人待在一起，就會不自覺地產生想要抵達更完美境界的衝動、想要活出更燦爛人生的欲望；跟某些人在一起，就會讓人感到愉快、開心。只要和這樣的人在一起，就會讓人感到莫名安心。我想，無論過著怎樣的人生，身邊至少要有一位這樣的朋友。

根據研究，配偶死亡後一星期內，剩下那位配偶也死去的機率，是活下來的兩倍。骨髓移植者如果能夠透過親密關係獲得人際支持，接受移植手術後，生存機率是沒有透過親密關係獲得人際支持者的兩倍以上。獨居者在心臟痲痺後，六個月內再度復發的機率，也是非獨居者的兩倍以上。關係對我們生活的影響就是這麼大。

我們的生活最重要的，並不是「在哪裡」，而是「和誰一起」。現在就用這個角度，全面檢視我們生活的每個領域吧。請不要遲疑，拋開執著於「在哪裡」的無聊人生吧。和「為我帶來安慰與勇氣、給我力量的存在」，以及「我可以完全信賴、依靠的人」，建立一段好的關係，就是幸福人生的指標，同時也是目的。

十、鍛鍊偉大的「重複框架」

「習慣能讓任何事情都有可能。」——杜斯妥也夫斯基

以《引爆趨勢》（*The Tipping Point*）與《決斷2秒間》（*Blink*）兩本書，廣為韓國讀者熟知的麥爾坎．葛拉威爾（Malcom Gladwell），在二〇〇六年五月，於美國舉辦的美國心理學年度學術大會上發表演講。當時參與學會的我，帶著興奮的心情，前去聽這位出色記者的演講。

在那場演講當中，葛拉威爾透露了一件自己的趣事：他十幾歲的時候，獲得了加拿大馬拉松冠軍。這位博學多聞又有才氣的作家，小時候竟然是馬拉松冠軍，真是令人意外。葛拉威爾夢想奪下奧運金牌，每天不斷練習，十五歲時被別人從冠軍位置上擠了下來，之後他便失去對馬拉松的興趣。雖然進了大學之後曾重新嘗試，但他也因此領悟到，自己再也不是出色的馬拉松跑者了。小時候曾經獲得馬拉松冠

軍的他，究竟發生了什麼事？兒時的天才表現，不就預言著成年後的成功嗎？

根據葛拉威爾的調查，馬拉松能力變差不只是出現在他身上。葛拉威爾針對十三歲時加拿大全國排名前十五的少年，調查他們二十四歲之後的排名。結果顯示，在二十四歲時躋身全國前十五名的選手，只有一個人十三歲就是全國前十五名。更驚人的是，二十四歲時是加拿大排名第一的選手，少年時期是遭受葛拉威爾等菁英選手嘲弄的泛泛之輩。根據葛拉威爾等眾多心理學家的研究，無論在哪個領域，成人之後的成就，都是基於「沒有中斷的努力」而達成的。這是非常中肯的結論，我們絕對不能低估一個人持續不懈的努力。

在認知心理學領域中，有一個「十年法則」。這個法則指的是，無論在哪個領域，要做到專業的程度，至少需要十年以上持續不懈的努力和專注。我們認為是天才的人當中，大多數並非一生下來就是天才，而是靠超乎我們想像的專注與重複，不斷累積出來的。

最近，也有個研究認為十年法則需要修改。十年法則的創始者安德森教授，認為十年法則被以過度簡化、過度扭曲的方式，介紹給一般大眾。根據他的說法，他所認為的練習不只是單純的重複，而是一種計畫式訓練，需要為了特定的學習目標而精密設計，搭配一位教導你的老師，能夠對自己的執行成果反覆給予即時的回應；但是，一般人卻誤會成純粹只是時間的累積。姑且不論這樣的爭議，不可否認的是，為了獲得出色表現，確實需要努力與訓練。即使不是最高水準、最專業的努力，努力仍然不會背叛我們。所以，我們要抱持「心誠求之，雖不中不遠矣」的心態，只要用心渴望、不斷努力，就算無法命中目標，也不會離目標太遠。

為了改變框架，我們該做的重塑框架（reframe）就是如此。框架並不只是單純的下決心而已，也不會因為一次的決心就輕易改變。我們必須要在原有的思維成為習慣之前，不斷重新定義、重新形塑框架。如同透過規律運動鍛鍊肌肉一樣，我們要透過規律且重複的練習，學習新的框架。

十一、減少人生的副詞

副詞和形容詞如果遭到濫用，文章就會失去生命力。知名作家對寫作的建議當中，經常出現這項共通原則，史帝芬·金的建議中，也相當強調這點。

「通往地獄的道路，是用副詞包裝的。」

作家一致認為，濫用副詞是由於自信不足，不安的人才會使用大量修飾。為了寫出充滿生命力的文章，我們必須減少不必要的副詞，才能夠簡單明瞭地傳達自己的意思。

想活出充滿生命力的人生，同樣要這麼做。我們必須減少人生的副詞。因為不安，所以要減少生命中那一整串累贅的裝飾品。減少文章中不必要修飾的過程，和減少人生中多餘裝飾品的過程，本質上是一樣的，想要貫注生命力、恢復自信，兩者都是必要之舉。我們應該每天早上站在鏡子前面，一一檢視自己應該捨棄的人生副詞。與幸福有關的研究認為，最具代表性的人生副詞就是「所有物」

和「他人的視線」。一旦超過一定的限度，良藥也會變成毒藥。

每天早上，史蒂夫·賈伯斯都會站在鏡子前，自問：「如果今天是我人生的最後一天，那今天預計要做的事情，真的是我最想做的事嗎？」他想要拋開人生的副詞，過著簡單俐落的生活。如同《金銀島》的作者史蒂文森所說：「不該被動接受這個世界灌輸給我的事物，而是要了解自己真正想要的事物為何，才能使我們的靈魂繼續活下去。」所謂的減少副詞，正是這件事。

從作家的角度來看，人生的每一瞬間都是一個句子。句子要有生命，人生才會有生命力。

在文字與人生中，重要的是主詞，而不是副詞。

後記

改變框架，人生就會跟著改變

我偶爾會問自己：「身為心理學家，如果真要選一個想傳達給世人的訊息，我會選擇什麼？」就像是在問心理學家的KTV拿手曲目一樣。每到這時，我總是毫不猶豫地選擇「框架」。因為我相信，「框架」是人類心理運作的基本原理，也是決定幸福與不幸、合理與不合理、成功與失敗、人與人之間的共生與糾葛的重要因素。了解框架，就像是在了解「人心說明書」。

近來只靠理財來武裝內心的世道，令我非常害怕。許多研究不斷告訴我們，心裡只想著錢，才是人獲得幸福的最大阻礙，即使如此，我們的社會仍對理財趨之若鶩。然而，我們的心，不該只充斥著理財，必須要有比那更重要的事物。我相信，智慧就是唯一的解決之道。

查覺到自己的極限時，所感受到的謙遜，才能讓我們擁有打破「自我框架」的勇氣、有智慧承認對過去的誤解與對未來的無知，並且幫助我們從對錢的錯誤心態中解脫。這也是我希望透過這本書，讓各位讀者謹記在心的要素。

檢視我們每個人觀看這個世界的角度，為自己開啟新的一扇窗，是人生給我們最大的祝福，同時也是義務。希望本書介紹的內容，能夠成為各位讀者重新形塑框架的契機。最後，我想用英國劇作家湯姆．史佩塔（Tom Stoppard）的話來下個結論：

每個出口，都是通往某處的入口。

參考文獻

作者的話

與智慧有關的心理學研究概況

Baltes, P. B., & Staudinger, U. M.（1993）. The search for a psychology of wisdom. Current Directions in Psychological Science, 2, 75-80.

Sternberg, R. J.（1990）. Wisdom, it's nature, origins, and development . Cambridge: Cambridge University Press.

第一章

1. 粉紅波西

West, C.（2003）. Percy the Pink . London: Walker Books.

2. 框架的哲學定義

Bullock, A., Stallybrass, O., & Trombley, S.（1988）. The Fontana Dictionary of Modern Thought（2nd Ed.）. Fontana Press.

3. 有軌電車難題研究

Foot, P.（1978）. Virtues and Vices（Oxford: Basil Blackwell, 1978）（originally appeared in the Oxford Review, Number 5, 1967）

4. 「最後一個」的正面評價相關研究

O'Brien, E., & Ellsworth, P. C.（2012）. Saving the best for last: A positivity bias for end experiences. Psychological

Science, 23, 163-165.

5. 法蘭克·藍茲的單字文章

Luntz, F.（2006）. The Frank Luntz Rethug Playbook.

6. 問題對判斷帶來的影響概況

Schwarz, N.（1999）. Self-reports: How the questions shape the answers. American Psychologist, 54, 93-105.

7. 約會與幸福的關係之提問順序效果研究

Strack, F., Martin, L. L., & Schwarz, N.（1988）. Priming and communication: The social determinants of information use in judgments of life satisfaction. European Journal of Social Psychology, 18, 429-442.

8. 內視鏡患者的痛苦經驗與回想研究

Redelmeier, D, A, & Kahneman, D.（1996）. "Patients' memories of painful medical treatments: real-time and retrospective evaluations of two minimally invasive procedures". Pain, 66, 3-8.

9. 欲望與知覺的相關研究

Bruner, J. S., & Goodman, C. C.（1947）. Value and need as organizing factors in perception. Journal of Abnormal Social Psychology, 42, 33-44.

10. 欲望與知覺的現代再評價研究

Dunning, D., & Balcetis, E.（2013）. Wishful Seeing: How Preferences Shape Visual Perception. Current Directions in Psychological Science, 22, 33-37.

11. 約會與電視食物廣告感受的關係研究

Eibach, R. P., Libby, L. K., & Gilovich, T.（2003）. When change in the self is mistaken for change in the world. Journal of Personality and Social Psychology, 5, 917-931.

12. 父親與兒子的汽車事故

Hofstadter, D. R.（1985）. Metamagical themas . New York: Basic Books.

第二章

1. 高層次與低層次框架的研究概況

T r o pe, Y., & Lieberman, N.（2003）. Temporal construal. Psychological R eview, 110, 401-421.

2. 與器官捐贈框架相關的歐洲國家研究

Johnson, E. J., & Goldstein, D.（2003）. Do defaults save lives? Science, 302, 1338-1339.

3. 接觸與迴避的普遍狀況

Gray, J. A.（1987）. The psychology of fear and stress. New York: McGraw-Hill.

4. 迪亞洛相關研究

Correll, J., Park, B., Judd, C. M., & Wittenbrink, B.（2002）. The police officer's dilemma: Using ethnicity to disambiguate potentially threatening individuals. Journal of Personality and Social Psychology, 83, 1314-1329.

5. 約翰．史考利的介紹

Scully, J., & Byrne, J. A.（1987）. Odyssey: Pepsi to Apple. HarperCollins.

6. 約翰．史考利與框架的關聯

Russo, J. E., & Shoemaker, P. J. H.（2001）. Winning decisions: Getting it right the first time. Currency.

7. 最後通牒遊戲與框架的相關研究

Kay, A. C., Wheeler, S. C., Bargh, J. A., & Ross, L.（2004）. Material priming: The influence of mundane physical objects on situational construal and competitive behavioral choice. Organizational Behavior and Human Decision Processes, 95, 83-96.

8. 擁有和經驗的消費研究

Van Boven, L., & Gilovich, T.（2003）. To do or to have? That is the question. Journal of Personality and Social Psychology, 85, 1193-1202.

9. 容器大小與食量的研究

Geier, A. B., Rozin, P., & Doros, G.（2006）. Unit bias: A new heuristic that helps explain the effect of portion size on food intake. Psychological Science, 17, 521-525.

10. 劉泰宇教授的書

劉泰宇（2006）《每個人都能瘦十公斤》首爾：三星出版社

11. 史登堡教授對智慧教育的主張

Sternberg, R. J.（2001）. Why schools should teach for wisdom: the balance theory of wisdom in educational settings. Educational Psychologists, 36, 227-245.

第三章

1. 雷可夫教授的主張

Lakoff, G.（2006）. Thinking points: Communicating our American values and vision . New York: Farrar, Straus and Giroux.

2. 所羅門・阿希的實驗

Asch, S. E.（1946）. Forming impressions on personality. Journal of Abnormal and Social Psychology, 41, 258-290.

3. 奧運獎牌得主的表情研究

Medvec, V. H., Madey, S. F., & Gilovich, T.（1995）. When less is more: Counterfactual thinking and satisfaction among olympic medalists. Journal of Personality and Social Psychology, 69, 603-610.

4. 教宗照片研究

Baldwin, M. W., Carrell, S. E., & Lopez, D. F.（1990）. Priming relationship schemas: My advisor and the Pope are watching mefrom the back of a mind. Journal of Experimental Social Psychology, 26, 435-454.

5. 從個性判斷看提問方向的重要性研究

Kunda, Z., Fong, G. T., Sanitioso, R., & Reber, E.（1993）. Directional questions direct self-concepts. Journal of

Experimental Social Psychology, 29, 63-86.

Choi, I., & Choi, Y.（2002）. Culture and self-concept flexibility. Personality and Social Psychology Bulletin, 28, 1508-1517.

第四章

1. 手指演奏研究

Newton, E.（1990）. Overconfidence in the communication of intent: Heard and unheard melodies. Unpublished doctoral dissertation. Stanford University.

2. 虛假協議效果的研究

Ross, L., Lepper, M. R., & House, P.（1977）. The false consensus effect: An egocentric bias in social perception and attribution processes. Journal of Experimental Social Psychology, 13, 279-301.

3. 自我形象投射在他人身上的傾向研究

Lewicki, P. W.（1988）. Self-image bias in person perception. Journal of Personality and Social Psychology, 45, 384-393.

4. 腦中的自我中心相關研究

Kelley, W. M., Macrae, C. N., Wyland, C. L., Caglar, S., Inati, S., & Heatherton, T. F.（2002）. Finding the self? An event-related fMRI study. Journal of Cognitive Neuroscience, 14, 785- 794.

5. 聚光燈效果相關研究

Gilovich, T., Medvec, V. H., & Savitsky, K.（2000）. The spotlight effect in social judgment: An egocentric bias in estimates of the salience of one's own actions and appearance. Journal of Personality and Social Psychology, 79, 211-222.

6. 「我很了解你，但你不了解我」相關研究

Park, J., Choi, I., & Cho, G.（2006）. The Actor-Observer bias in Beliefs of Interpersonal Insights. Journal of Cross-

Cultural Psychology, 37, 630-642.

Koo, M., & Choi, I.（2006）. Unpublished manuscript. Seoul National University.

7. 對自我行為與他人行為說明差異的研究

Nisbett, R. E., Caputo, C., Legant, P., & Marecek, J.（1973）. Behavior as seen by the actor and as seen by the observer. Journal of Personality and Social Psychology, 27, 154-164.

第五章

1. 旁觀者效應相關實驗研究

Latane, B., & Darley, J. M.（1968）. Group inhibitions of bystander intervention in emergencies. Journal of Personality and Social Psychology, 10, 215-221.

2. 唆使試圖自殺者的群眾研究

Mann, L.（1981）. The bating crowd in episodes of threatened suicide. Journal of Personality and Social Psychology, 41, 703-709.

3. 萬聖節的兒童群聚現象研究

Diener, E., Fraser, S. C., Beaman, A. L., & Kelem, R. T.（1976）. Effects of deindividuation variables on stealing among Halloween trick-or-treater. Journal of Personality and Social Psychology, 33, 178-183.

4. 阿希的同步研究

Asch, S. E.（1951）. Effects of group pressure on the modification and distortion of judgments. In H. Guetzkow（Ed.）, Groups, leadership and men, 177-190. Pittsburgh, PA: Carnegie Press.

5. 西蒙森的日本社會各世代創意喜好研究

Simonton, D.（1997）. Foreign influence and national achievement: The impact of open milieus on Japanese civilization. J ournal of Personality and Social Psychology, 72, 86-94.

6. 米爾格蘭的服從研究

Milgram, S.（1974）. Obedience to Authority; An Experimental View. Harpercollins.

第六章

1. 利用電話約會的自我實現預言相關研究

Snyder, M., Tanke, E. D., & Bersheid, E.（1977）. Social perception and interpersonal behavior: On the self-fulfilling nature of social stereotype. Journal of Personality and Social Psychology, 35, 656-666.

2. 指導教授的照片對自我創意評價帶來的效果研究

Baldwin, M. W., Carrel, S. E., & Lopez, D. F.（1990）. Priming the relationship schema: My advisor and Pope are watching me from the back of my mind. Journal of Experimental Social Psychology, 26, 435-454.

3. 幸福的傳染性相關研究

Fowler, J. H., & Chistakis, N. A., &（2009）. Dynamic spread of happiness in a large social network: longitudinal analysis over 20 years in the Framingham Heart Study. British Medical Journal, 337（768）: a2338. doi:10.1136/bmj.a2338

4. 介紹幸福的傳染性也會發生在臉書好友之間的相關研究書籍

Chistakis, N. A., & Fowler, J. H.（2009）. Connected: The surprising power of our social networks and how they shape our lives. Little, Brown & Company.

第七章

1. 後見之明效果的相關研究

Fischhoff, B.（1975）. Hindsight ≠ foresight: The effect of outcome knowledge on judgment under uncertainty.

Journal of Experimental Psychology: Human Perception and Performance, 1, 288-299.

Hawkins, S. A., & Hastie, R.（1990）. Hindsight: Biased judgments of past events after the outcomes are known. Psychological Bulletin, 107, 311-327.

2. 自傳式記憶研究概論

Ross, M.（1989）. Relation of implicit theories to the construction of personal histories. Psychological Review, 96, 341-357.

3. 回想的連貫性相關研究

Markus, G. B.（1986）. Stability and change in political attitudes: Observed, recalled and explained. Political Behavior, 8, 21-44.

4. 引用喬治．威朗特的文章

Vaillant, G. E.（1977）. Adaptation to life . Boston: Little Brown.

5. 過去不如現在的相關研究

Conway, M., & Ross, M.（1984）. Getting what you want by revising what you had. Journal of Personality and Social Psychology, 47, 738-748.

6. 徐載弼博士自傳的扭曲論文

朱鎮五（1991）.《徐載弼自傳歷史評論》, 14, 297-307.

7. 外向－內向相關的自我記憶扭曲研究

Sanitioso, R., Kunda, Z., & Fong, G. T.（1990）. Motivated recruitment of autobiographical memories. J ournal of Personality and Social Psychology, 59, 229-241.

8. 計畫錯誤的相關研究

Buehler, R., Griffin, D., & Ross, M.（1994）. Exploring the "planning fallacy": Why people underestimate their task completion times. Journal of Personality and Social Psychology, 67, 366-381.

9. 追求多樣性的未來預測研究

Choi, J., B-K. Kim, Choi, I., & Yi, Y.（2006）. Variety-Seeking Tendency in Choice for Others: Interpersonal and Intrapersonal Causes. J ournal of Consumer Research , 950-955.

Read, D., & Loewenstein, G.（1995）. "Diversification Bias: Explaining the Discrepancy in Variety Seeking between Combined and Separated Choices," Journal of Experimental Psychology: Applied, 1, 34-49.

10. 心理免疫機制相關研究

Gilbert, D. T., Pinel, E., Wilso T. D., Blumberg, S. J., & Wheatley, T. P（1998）. "Immune Neglect: A Source of Durability Bias in Affective Forecasting," Journal of Personality and Social Psychology, 75, 617-638.

第八章

1. 丹尼爾．康納曼的框架研究簡介

Gilovich, T., Griffin, D., & Kahneman, D.（2002）. Heuristics and biases: The psychology of intuitive judgment . Cambridge: Cambridge University Press.

2. 一對新婚夫妻的賭場故事

Belsky, G., & Gilovich, T.（1995）. Why smart people make big money mistakes . Simon & Schuster.

3. Pennies-A-Day 的相關研究

Gourville, J. T.（1998）. Pennies-a-day: The effect of temporal reframing on transaction evaluation. Journal of Consumer Research, 24, 395-408.

4. 折扣價格的選擇研究

Tversky, A., & Kahneman, D.（1981）. The framing of decisions and the psychology of choice. Science, 211, 453-458.

5. 從文化消費 vs 生活消費看金錢名稱的相關研究

Thaler, R.（1985）. Mental accounting and consumer choice. Marketing Science, 4, 199-214.

Thaler, R.（1999）. Mental accounting matters. Journal of Behavioral Decision Making, 12, 183-206.

6. 滑雪纜車券的相關研究

Soman, D., & Gourville, J. T.（2001）. Transaction decoupling: How price bundling affects the decision to consume. Journal of Marketing Research, 28, 30-44.

7. 韓元與美元的差異研究

Raghubir, P., & Srivastava, J.（2002）. Effect of face value on product valuation in foreign currencies. Journal of Consumer Research, 29, 335-347.

8. 信用卡相關研究

Feinberg, R. A.（1986）. Credit cards as spending facilitating stimuli: A conditioning interpretation. Journal of Consumer Research, 13, 348-356.

第九章

1. 獲益與損失框架帶來的危險選擇研究

Kahneman, D., & Tversky, A.,（1979）. Prospect theory: An analysis of decision under risk. Econometrica, 47, 263-291.

2. 沉沒成本效應相關研究簡介

Arkes, H., & Blumer, C.（1985）. The psychology of sunk cost. Organizational Behavior and Human Decision Processes, 35, 124-140.

Thaler, R.（1999）. Mental accounting matters. Journal of Behavioral Decision Making, 12, 183-206.

3. 維持現狀現象的相關研究

Samuelson, W., & Zeckhauser, R.（1988）. Status quo bias in decision making. Journal of Risk and Uncertainty, 1, 7-59.

4. 擁有效果的相關研究

Kahneman, D., Knetsch, J. L., & Thaler, R. H.（1991）. The endowment effect, loss format, and status quo bias. Journal of Economic Perspectives, 5, 193-206.

5. 決定撫養權的相關研究

Shafir, E.（1993）. Choosing and rejecting: Why some options are both better and worse. Memory & Cognition, 21, 546-556.

第十章

1. 維克多・弗蘭克的著作

Frankl, V. E.（1959/2006）. Man's search for meaning . Boston: Beacon Press.

2. 事件發生時機和高位水準／低位水準研究簡介

Trope, Y., & Liberman, N.（2003）. Temporal construal. Psychological Review, 110, 403-421.

3. Savoring 的研究簡介

Bryant, F.（2003）. Savoring beliefs inventory（SBI）: A scale for measuring beliefs about savoring. J ournal of Mental Health , 12, 175 -196.

Wood, J., Heimpel, S. A., & Michela, J. T.（2003）. Savoring Versus Dampening: Self-Esteem Differences in Regulating Positive Affect. Journal of Personality and Social Psychology, 85, 566-580.

4. 社會比較的黑暗面研究

Choi, J., Park, J., & Choi, I.（2006）. The dark side of frequent social comparison. Unpublished manuscript. Seoul National University.

5. 修女們正向的語言與長壽相關研究

Danner, D., Snowdon, D., & Friesen, W.（2001）. Positive emotions in early life and longevity: Findings from the Nun Study. Journal of Personality and Social Psychology, 80, 804-813.

6. 梅西・米勒的投稿文

Muller, M.（2001）. The novelist's life is altered by a confident alter ego. New York Times, August 13.

7. 對梅西・米勒投稿文的類似解釋收錄

Wilson, T.D.（2002）. Strangers to ourselves. Cambridge: Harvard University Press.

8. 鏡子與作弊研究

Diener, E., & Wallbom, M.（1976）. Effects of self-awareness on antinormative behavior. Journal of Research in Personality, 10, 107-111.

9. 為自我的消費與為他人的消費

Kim Jung Min & Choi In Chul（2006）. 未出版資料，首爾大學

10. 非常幸福的人相關研究

Diener, E., & Seligman, M. P.（2002）. Very happy people. Psychological Science, 13, 81-84.

框架效應

打破自己的認知侷限，看見問題的本質，告別慣性偏誤的心理學智慧

프레임：나를 바꾸는 심리학의 지혜

作者　崔仁哲
譯者　陳品芳
總編輯　汪若蘭
執行編輯　陳思穎
行銷企畫　許凱鈞
封面設計　陳文德
版面構成　賴姵伶
發行人　王榮文
出版發行　遠流出版事業股份有限公司
地址　臺北市南昌路 2 段 81 號 6 樓
客服電話　02-2392-6899
傳真　02-2392-6658
郵撥　0189456-1
著作權顧問　蕭雄淋律師
2019 年 5 月 1 日　初版一刷
定價新台幣 360 元

ISBN　978-957-32-8539-7
遠流博識網　http://www.ylib.com
E-mail: ylib@ylib.com
（如有缺頁或破損，請寄回更換）

國家圖書館出版品預行編目 (CIP) 資料

框架效應 : 打破自己的認知侷限，看見問題的本質，告別慣性偏誤的心理學智慧 / 崔仁哲著 ; 陳品芳譯 . -- 初版 . -- 臺北市 : 遠流 , 2019.05
面；　公分
ISBN 978-957-32-8539-7(平裝)
1. 心理學
170.1　　108004991